Le parole del cuore

Sabrina Carollo

Le parole del cuore

DEMETRA

Progetto grafico e realizzazione editoriale
a cura di EDIMEDIA SAS, Firenze, via Orcagna 66

Per quanto riguarda i diritti di riproduzione, l'editore si dichiara pienamente disponibile a regolare eventuali spettanze per quelle immagini di cui non sia stato possibile reperire la fonte.

www.giunti.it

ISBN 88-440-2722-4

Prima edizione: settembre 2003

Ristampa	Anno
6 5 4 3 2 1 0	2007 2006 2005 2004 2003

Stampato presso Giunti Industrie Grafiche S.p.A. - Stabilimento di Prato

SOMMARIO

Ditelo con... i fiori

Amore virtuale o amore reale?

L'amore corre sul filo... del telefono

Amore: istruzioni per l'uso

Abc dell'amore

L'amore è una cosa meravigliosa, si sa. Dai cioccolatini alle automobili, dalla televisione al cinema, dai cantanti ai viaggi, tutto ci viene venduto ben confezionato in carta a cuoricini rossi, perché è quella che comunque funziona sempre. Alla faccia di drammatici diagrammi di tendenza pericolosamente inclinati verso il baratro della singolitudine, e di desolanti e gelide statistiche che sentenziano di quanto siano perdenti intenti matrimoniali e unioni a lungo termine, nonostante i broker puntino dieci a uno sulle separazioni a tempi record, il cuore continua a guidarci e i sentimenti rimangono la stella polare della nostra esistenza. L'amore eterno è un mito, poesia per cuori teneri, sogno da cialtroni, illusione romantica o concreta possibilità? Probabilmente la risposta è: l'amore è pratica. Di tanto amore sceneggiato, romanzato, cantato e vagheggiato, molto si dice dell'estasi iniziale, delle lacrime finali, degli scontri in mezzo, ma poco è spiegato sul come gestirlo nel quotidiano. Le istruzioni per l'uso insomma, quel famoso libretto tradotto (generalmente male, d'accordo, ma meglio che niente!) in dieci lingue di cui siamo sprovvisti e che tanto ci servirebbe. Almeno fino ad oggi. Il presente manuale non ha certo la pretesa di garantirvi il successo come un venditore di pentole qualunque. Vuole essere però una guida, un sostegno funzionale per accompagnarvi nella soluzione di piccole questioni quotidiane, come di occasionali (vi auguriamo) situazioni critiche. Un consigliere, un amico a cui rivolgersi con fiducia senza nemmeno dovergli offrire l'aperitivo.

La conquista

Banale come inizio, lo ammettiamo, ma diciamocelo francamente, inevitabile. È vero che spesso la società contemporanea ci istiga all'appagamento egocentrico e all'edonismo, ma è evidente che se si parla d'amore – e felicemente con il nostro aiuto – è indispensabile un partner. E allora sotto con la caccia. Se avete appena incrociato il vostro oggetto del desiderio, e non avete ancora avuto modo di scambiarci due parole, ricordatevi che esiste il linguaggio del corpo (non l'alfabeto muto!). Le posture e gli atteggiamenti che assumete possono comunicare interesse, apertura e disponibilità così come rifiuto e paura.

Silenzio, parla il corpo

Innanzitutto lo **sguardo**: una delle esperienze più piacevoli del primo approccio passa per gli occhi. Sono lo specchio del cuore, il punto da cui parte quel brivido gentile che corre lungo la schiena come una scossa quando si viene osservati in risposta. Decidete voi il tono, a seconda di come vi sentite: languidi, aggressivi, dolci, ammiccanti, sfuggenti o divertenti. Evitate però assolutamente l'occhiolino, penoso espediente dal sapore rancido di playboy de Freggene tutto panza, catene al collo e camicia aperta sul vello grigio. In particolare se siete uomini; le donne lo possono occasionalmente impiegare, ma sempre con molta parsimonia, solo se dotate di massicce dosi di autoironia e di uno stile algido e impeccabile che possa contrastare con la grossolana banalità della mossa. E naturalmente ricordatevi di togliere gli occhiali da sole, che creano una vera barriera di rifiuto verso l'altro.

Sempre in tema di barriere, fate attenzione alla posizione delle **braccia**: è ormai noto che tenerle incrociate sul petto è indice di diffidenza e chiusura.

Poi le **gambe**. Se siete donne, dimenticate Sharon Stone e i suoi disadorni accavallamenti, ma evitate possibilmente anche la rigidità legnosa da cicogna in cattività, sintomo di tensione e spasmodica ansia nei confronti dell'altro. Se siete uomini, a vostra volta scordatevi la scuola Eastwood (come minimo vi verrebbe un'interpretazione rivista alla Bud Spencer) e non obbligatevi ad appoggiare virilmente la caviglia sul ginocchio. Una normalissima seduta a piedi paralleli, non troppo scomposta, andrà benone per comunicare agio e testosterone sufficienti. Infine il **sorriso**: basta un cenno del capo, accompagnato a una posa gentile delle labbra, per partire bene. Come sempre, cercate di giocarvi al meglio le vostre carte: se siete dei tardivi dell'apparecchio fisso, labbra strette stile Gioconda andranno benissimo. Se possedete invece una dentatura cavallina di ottima fattura e smalto brillante, sfoderate tutta la carrozzeria in uno smagliante invito.

3, 2, 1... contatto

Superato il primo momento, quello dell'adocchiamento, si passa alla conoscenza concreta. Sicuramente i primi approcci rappresentano un momento molto delicato. La più sincera e indicata delle considerazioni da fare sull'argomento sarebbe: **siate voi stessi**. Ciò che si cerca nell'altro non è certo un clone, un oggetto perfetto da mettere in mostra o una personalità carica di successi come il medagliere di un colonnello dell'esercito americano. O meglio, alcuni inseguono esattamente questo fantasma, ma il nostro consiglio in questo caso è stare allegramente alla larga da simili soggetti. Generalmente ciò che spinge due esseri umani alla reciproca passione è la curiosità per qualcuno che è diverso da te. È il fascino della scoperta, il brivido adrenalinico della novità. Dunque la sicurezza di sé e il sano amor proprio – senza trascendere nell'egocentrismo e nel nauseante autocompiacimento – sono i due ingredienti fondamentali della seduzione. Se essere belli può aiutare inizialmente, è il carisma, la tranquillità interiore, lo stare bene con se stessi che fanno davvero la differenza. Cercate di piace-

re prima di tutto a voi stessi, profondamente. Solo così potrete poi davvero piacere a qualcun altro. Non è facile? Siete dei pessimisti cronici?
Esistono alcuni esercizi (oltre a quelli fisici per buttar giù l'effettiva pancetta che tanto vi affligge) che vi possono aiutare.

PICCOLI ESERCIZI DI AUTOSTIMA

- Fate un elenco delle vostre qualità. Invece di castigarvi sempre inchiodandovi idealmente un immaginario giallino sulla fronte con appuntati tutti i vostri limiti, per una buona volta scrivete una nota di merito a voi stessi e rileggetevela ogni mattina fino a raggiungere la necessaria convinzione.

- Pensate a tutto ciò che di buono sapete fare. Fatevi i complimenti quando concludete qualcosa, fosse solo bollire un uovo o finire un cruciverba.

- Guardate con fiducia e comprensione ai vostri difetti, siate indulgenti con le vostre imperfezioni fisiche e morali. Ridetene a piena gola (e comunque non insistete nell'infilarvi in quel tubino nero di elastam taglia 40, è masochismo).

Insomma, amatevi, come si fa con un vecchio amico di cui si conoscono i difetti, si criticano le fissazioni, ma a cui si perdona sempre. E non cercate di apparire diversi da come siete. È la paura di non piacere per via di come siamo fatti a non piacere agli altri. Certo, va detto che non esiste una formula precisa, una funzione matematica – nonostante gli scienziati occidentali si scervellino da anni sulla chimica dell'amore, gli odori, le somiglianze, i vissuti – per spiegare l'attrazione tra due esseri umani. C'è sempre una strana alchimia, imponderabile e indecifrabile, che aromatizza ogni ricetta d'amore, proprio come quel "q.b." di sale per fare un ottimo condimento da spaghetti che solo voi potete stabilire. Ma volersi bene è come avere la pasta fatta in casa: un buon inizio. La seconda considerazione si focalizza invece sull'**altro**. Cercate di capire che tipo è il vostro prescelto. Studiatene l'abbigliamento, il modo di muoversi, le abitudini e le parole. Che siate dei fondamentalisti del colpo di fulmine oppure dei disillusi logici amanti della tattica a lungo termine, cercare di capire chi abbiamo di fronte è buona regola per riuscire a gestire con successo un rapporto. Non necessariamente per mutarsi camaleonticamente plasmando la propria personalità su quella altrui come il pongo sul calco (ed evitando così *gaffes* del tipo «Davvero ami l'arte contemporanea? Anche io, adoooro Dandy Warhol»). Molto più umanamente, è un modo gentile di venire incontro a chi si è intrufolato nel vostro cuore, per rendere più confortevole la permanenza sprimacciando i cuscini sul divano e offrendo i pasticcini che gradisce di più. Non è insomma indispensabile diventare degli Zelig (non il programma di cabaret, il personaggio del film di Woody Allen!), basta capire cosa l'altro/a apprezza per poter coltivare un terreno comune di dialogo, magari di scontro, ma comunque di relazione. Se vi siete innamorati di una punk non è detto che dobbiate perforare a vostra volta ogni centimetro quadro della vostra epidermide, né prendere lezioni di violino può giovare per conquistare un musicista – a meno che non lo conosciate e chiedergli lezioni sia l'unico modo che avete per incontrarlo da soli. Utile invece: in generale cercate di ascoltare la persona che avete di fronte invece di usarla per essere ascoltati. Una piccola premura che sicuramente verrà apprezzata – anche perché decisamente rara.

ASCOLTARE PRIMA DI TUTTO

- Fare domande sull'argomento più amato dal vostro amore, chiedergli i motivi delle sue scelte.

- Scambiare considerazioni sulle sue preferenze sportive, artistiche, politiche senza sbilanciarsi in giudizi drastici e mantenendo un minimo di autonomia e rispetto delle proprie convinzioni (evitando patetici «Sei buddhista? Tu non ci crederai, ma mi sono convertito l'altroieri»).

- Evitare di spiegare cosa invece piace a voi se non vi è stato espressamente chiesto.

- Evitare assolutamente di elencare i vostri successi, più o meno velatamente. Quello che è un utile esercizio per la vostra autostima, diventerebbe in questo caso odioso sfoggio di supponenza.

Questo si fa, questo no

Qui la lista sarebbe lunga. A tutti piacerebbe "non dover mai dire mi dispiace", ma nessuno ci riesce. Esistono comunque alcuni errori da cartellino rosso che vanno assolutamente, accuratamente e accanitamente evitati.

Vietato a lui ♂

➳ L'errore più rilevante (e più diffuso) è non farla sentire l'unica, irripetibile, meravigliosa reginetta dell'universo, la fatina al centro di ogni vostro pensiero in ogni momento della giornata. Impegnativo? Sicuramente, ma con qualche accorgimento si possono raggiungere buoni risultati senza perdere lavoro, amici e faccia.

➳ Il secondo errore, la cui popolarità è direttamente proporzionale alla gravità, è l'abbandonarsi a sonore emissioni gassose in sua presenza, da varie e non meglio specificate aree geofisiche. Sarebbe buona regola chiudere completamente con tali spregevoli, ancorché umane abitudini. Se proprio non vi riesce, almeno limitate l'attività a serate strettamente maschili. Non pensate mai di essere abbastanza in confidenza. A meno che non sia lei a chiedervelo espressamente per provare il brivido dell'incontro con lo Yeti.

➳ Altro clamoroso fallo è non essere geloso di lei. Non viene assolutamente apprezzata la fiducia che voi signorilmente dispensate, che anzi viene travisata e riletta come indifferenza e mancanza di interesse. Senza arrivare a farsi protagonisti di spaventose sceneggiate ottocentesche, è bene che facciate attenzione a chi le ronza intorno con domande e, nel caso, compite proteste.

➳ Mai criticare i suoi ex. Gli ex sono come la mamma, lei li può censurare aspramente, riservando loro perfidie al cianuro, ma voi non dovete assolutamente azzardarvi a muovere la benché minima osservazione. Oltre a essere obiettivamente una notevole mancanza di stile, cercare di screditare l'immagine di chi è stato con lei prima di voi può essere letto come una critica indiretta a lei stessa, che è riuscita a starci insieme per così tanto. Unica eccezione, garbate note di biasimo per come l'ex non è stato capace di valorizzare, capire e amare la tenera cardellina che ora si affida alle vostre cure.

➳ Togliersi anche i calzini. Gli uomini in *déshabillé* pos-

sono piacere o meno, ma si rendono inevitabilmente ridicoli se rimangono nudi come vermi tranne che per i piedi.

➳ Non esigere abbigliamenti particolari. Se volete la donna sexy, cercatevela, se la volete innocente, pure. Non pretendete di cambiare la vostra compagna in una pantera imponendole *guêpière* e pantaloni di gomma lucida se l'avete conosciuta in calzettoni e scarpe da tennis, a meno che non sia una sua libera scelta. Accettare chi si ha di fronte è la prima dimostrazione di amore.

➳ Non vantarsi di passate conquiste. Il confronto è assolutamente da evitare, anche se voi volevate solo far colpo con lei. Misura e umiltà siano il vostro nord.

➳ Non competere con Brad Pitt. Inutile tentare di tenere in dentro la pancia, sfiancarsi in palestra una sera sì e una no per ottenere il gluteo di marmo e il bicipite scolpito. Del resto, non è nemmeno importante. I miti sono tali perché lontani. In fondo, lo sa anche lei che non esiste la perfezione. Perché, voi forse credevate che il silicone fosse un'invenzione della stampa cattiva e invidiosa?

➳ E abbassatela una buona volta quella benedetta tavoletta del water!

Vietato a lei ♀

➻ Vietato essere appiccicose. L'ansia, se c'è, va ben occultata, rinfoderata a doppia cucitura nell'orlo dei pantaloni. Se avete voglia di chiamarlo, per dirgli quanto lo amate, va bene, ma non potete farlo ogni ora. E soprattutto non potete farlo per chiedergli se anche lui vi ama e se vi trova più avvenente della Bellucci. Resistete, credete in voi stesse e respirate profondamente contando fino a quaranta ogni volta che vi prude la cornetta.

➻ Non fingere. No, non si tratta della solita vecchia storia di essere sincere sul sesso! Non fingete di conoscere perfettamente le ragioni per cui il mister ha usato il 4-3-4 invece del 6-1-4 (non basta che la somma faccia 11!). Il calcio rimane un argomento insidioso per le donne, nonostante alcune cerchino di sfidare con ardimento femminista la tradizione che le vuole escluse da questo misoginissimo club. Ma ne vale proprio la pena? A voi forse lui piacerebbe di più se sapesse tutto sulle sfumature di rossetto di moda quest'anno?

➻ Non chiedetegli mai, mai, mai, di scegliere tra voi e i suoi amici.

→ Non imponetegli la vostra migliore amica. Né per una imbarazzata e poco loquace serata a quattro, né tantomeno per una orrorifica serata a tre. Nel qual caso, alla meglio lui vi lascia. Alla peggio, lo fa per la vostra migliore amica.

→ Non usate strategie. Quelle tattiche tipicamente femminili per cui «se chiama entro mercoledì gli dico di sì, se chiama dopo no perché altrimenti pensa che sono troppo disponibile»; o fingere che vostro fratello sia uno spasimante alla frutta per voi. Sono mosse tristi che non pagano, perché prodotto della sfaccettata immaginazione femminile – per lui si legge contorta.

→ Non pretendete troppo dall'intuito maschile. Se vi chiedono «Qualcosa non va?» di fronte al fumo che vi esce dalle orecchie e ai vostri occhi gonfi e rossi, non rispondete «Niente!», sperando che la domanda venga reiterata per quattro o cinque volte, o peggio che lui lo capisca da sé. Cogliete piuttosto la palla al balzo e estraete il dentone cariato e dolente.

Non si può pretendere che gli altri siano indovini. È molto meglio usare l'italiano. Già non è facile capirsi nemmeno quando ci si parla! (per approfondimenti vedi oltre alla voce: *Il sesso del vocabolario*).

➻ Non rivolgetegli la parola durante le partite. Anzi, meglio se vi organizzate una serata con le vostre amiche, un cinema e una pizza, quattro chiacchiere in allegria. Stare alla larga nei momenti di maggior tensione è la cosa migliore, per scansare spiacevoli commenti mentre passate davanti al video proprio quando stanno tirando il calcio di rigore.

➻ Evitate di chiedergli di aiutarvi a scegliere cosa indossare. A parte la biancheria intima, gli uomini non vedono molte differenze. Per alcuni l'unica preferenza è per la minigonna se siete insieme da meno di tre mesi, il burqa in seguito. Inoltre per il maschio i colori sono al massimo quelli dell'arcobaleno, inutile cercare di sensibilizzarlo all'accostamento di sfumature del rosso geranio.

Per entrambi

- Non parlare di figli con donne sotto o con uomini sopra i trenta. In entrambi i casi il senso di soffocamento è assicurato. I Trenta paiono essere l'età dello scambio: lei comincia a sentire il fiato dell'orologio biologico sul collo, lui quello di lei. Mentre sono sempre più diffusi i giovani maschi ventenni di belle speranze entusiasti all'idea di cambiare pannolini e sterilizzare biberon che si scontrano con giovani femmine ventenni che hanno molta più voglia di divertirsi. In attesa di mettersi d'accordo, evitate l'argomento, almeno per i primi tempi.
- Questa è una regola generale e assoluta, valida a qualunque età per qualunque sesso: non trattenersi per paura di soffrire. Non misurare i propri slanci, l'apertura del cuore, per proteggerlo da possibili ferite. Le ferite fanno parte del gioco, ci saranno comunque, qualunque barriera tentiate di erigere. Però si rimarginano sempre. E senza, non si cresce, tantomeno si vive. Meglio affrontare il rischio di un dolore che vivere in anestesia totale.

Il calendario, croci per lei croce per lui

La differenza tra donne e uomini nel considerare significativa una ricorrenza è paragonabile a quella tra *La divina commedia* di Dante e *Soldati* di Ungaretti. Sulle agende femminili, alla pagina del calendario, campeggiano crocette e cuoricini in abbondanza, a segnalare, nell'ordine: il giorno della prima uscita insieme – con conseguenti crocette ogni stesso giorno di tutti i mesi seguenti almeno per il primo anno di fidanzamento, quando la fatidica data diverrà molto più pomposamente l'Anniversario – San Valentino, il proprio compleanno e quello dell'amato bene, il giorno del primo bacio, la prima notte, il primo concerto insieme, il primo litigio, la prima vacanza, l'inaugurazione dell'appartamento insieme, l'otto marzo, il proprio onomastico o onomastici a seconda di quanti santi e martiri portano lo stesso nome. Natale, Pasqua e altre feste comandate dovrebbero essere già evidenziate dalla grafica del diario. Insomma un'infinità di trappole per la memoria a svuotamento rapido maschile, che probabilmente per costituzione è impossibilitata a ricordare molto più delle date

delle finali di Coppa. Senza doversi obbligare all'esercizio zen quotidiano di contare i sassolini lungo il vialetto d'ingresso per aumentare la capacità mnemonica, è comunque indispensabile che un uomo non dimentichi assolutamente alcuni nodi fondamentali del calendario di coppia.

CAMPIONATO... AMORE MIO

Le donne hanno alcune date da ricordare. Se non per gentilezza, almeno per amor di sopravvivenza, rammentarsi della domenica di inizio campionato o dell'appuntamento intramontabile, imperdibile, imprescindibile con la "Champions League" può essere molto utile per evitare inutili quanto poco cordiali rifiuti; così come non dimenticare la seratona conclusiva di calcetto è indispensabile per risparmiarsi esplicite e triviali raccomandazioni di partenza verso destinazioni oscure.

L'anniversario

La madre di tutte le Date, il giorno covato e coccolato come un uovo di fenice, l'appuntamento capitale. Non ci sono scuse per essersene dimenticati, non ci sono ammende sufficienti. Di vitale importanza per la sopravvivenza dell'unione, dunque, prepararsi bene.

Attenzione e affettuosità a pioggia sono da effondere sin dalla mattina. Per esempio, una telefonata di auguri appena alzati, se non si vive sotto lo stesso tetto, garantisce un buon risultato iniziale e, si sa, chi ben comincia è a metà dell'opera. Se si condivide già il talamo, la colazione a letto – magari con un fiore – potrebbe far guadagnare immediatamente un punteggio da finale "All star's game".

L'effetto **sorpresa** gioca un ruolo non indifferente: trovare un'idea diversa da proporre per festeggiare – una cena in un ristorante etnico, una passeggiata romantica nella cittadina storica più vicina, o addirittura una due giorni a Venezia (non se già ci abitate) – colpisce sicuramente più di un regalo trito e banale.

Regalo che però non deve comunque mancare. Variabile a seconda delle tasche di ognuno – non importa se si tratti di un anello di brillanti o di un economico Feltrinelli, un mazzo di margherite di campo piuttosto che di orchidee del Bengala – è comunque troppo previsto dal Codice per non essere presentato. Meglio se ha una connotazione romantica, ma comunque non basilare.

Indispensabile invece è il **biglietto**. Anche qui, la scelta è vostra: se siete tentati dal fai-da-te potete sbizzarrirvi nel costruirne uno voi – con il nostro aiuto, qualche pagina più in là – oppure potete comprarne a vostro gusto, da quelli piccoli, semplici e candidi alle sfarzose impalcature da un chilo e mezzo semoventi e con tanto di carillon incorporato. L'importante è quello che ci si scrive. E soprattutto lo slancio con cui lo si prepara. L'attenzione nella preparazione del pacchetto regalo e del biglietto sono sintomo di quanto tempo si è disposti a perdere per ingegnarsi a compiacere il proprio oggetto d'amore.

San Valentino (14 febbraio)

Non si scappa. È un classico intramontabile, come i jeans, come *Colazione da Tiffany*. Inutile arrampicarsi su prosaiche affermazioni di indipendenza di fronte al dilagante consumismo che inchioda a stereotipi fasulli e stucchevoli. Il Sanva è un rito collettivo a cui non ci si può sottrarre. Tanto vale farlo con stile.

Voto 10

Farle recapitare dei fiori sul luogo di lavoro. Mentre tutte le colleghe amiche – i cui fidanzati non hanno letto questo manuale – si complimentano con lei per il compagno dall'animo tanto premuroso e si informano su eventuale parentame ancora disponibile, intanto che quelle nemiche sfoderano sorrisi di circostanza mentre dentro si rodono dall'invidia (e lei lo sa), la vostra amata si crogiola nel gaudio e voi scalzate immediatamente George Clooney dalla *pole position* nel suo cuore, almeno per un giorno.

Voto 8

Presentarsi a casa sua con un mazzo di rose rosse. Per carità, i fiori sono tutti belli e sempre graditi, ma la dozzina scarlatta è un po' troppo sfruttata. Lanciatevi in una scelta più originale. Fidatevi di voi stessi e di cosa pensate possa piacerle. Anche a febbraio le serre offrono una strabiliante offerta di sfumature e forme. Se fatto con intenzione, anche un cesto di fiori di zucca e funghi verrà apprezzato, quanto meno per un risotto.

Voto 6

Dolci. È vero che la tradizione prevede anche la scatola di cioccolatini rifinita con un bel nastro di raso rosso. Ma "est modus in rebus"! Se la vostra donzella sta lottando da mesi con la bilancia per non essere "tutta ciccia e brufoli", non siate così insensibili da metterle in mano una tale tentazione. A meno che la confezione sia accompagnata da un incoraggiante biglietto «Sei bellissima così»: allora forse potrebbe valervi un bell'otto e mezzo di slancio.

Il compleanno

Facile. Anzi, facilissimo. Basta procurarsi un taccuino e una matita, e portarli sempre con sé quando si esce con la propria compagna. Durante l'anno, e in particolare nel periodo che precede il compleanno, lei non passa vetrina senza trovare qualcosa di utile, interessante o sfizioso per un eventuale acquisto. Basterà scegliere il regalo per il suo compleanno tra quel tre per cento – che comunque rimane un numero considerevole – di segnalazioni che non si sono tramutate immediatamente in acquisto. Evitare invece trovate decisamente prive di gusto come buoni validi per acquisti nel tal negozio o, peggio, acquisti su ordinazione, insieme, nei giorni precedenti il compleanno. Solo una carta a credito illimitato potrebbe forse essere un simpatico e apprezzato dono.

Parenti serpenti

È arrivato il momento, dopo qualche tempo che siete insieme vi tocca pagare pedaggio. Avete visto tre volte il film con Ben Stiller *Ti presento i miei* e avete studiato perfettamente tutte le mosse necessarie per evitare di irritare il gatto di famiglia, di incendiare pergolati e in generale di apparire un perfetto idiota. Eppure ancora un timore profondo turba i vostri sonni. Non è necessario darsi ai fiori di Bach per risolvere la situazione. In realtà i genitori non sono esattamente dei cerberi pronti a giudicarvi severamente e azzannarvi in caso di insufficienza, o peggio a incastrarvi. Non esistono risposte standard perfette da dare per risultare il genero ideale ed essere ammesso nella famiglia. I vostri futuri suoceri (eventuali) sono con tutta probabilità semplicemente curiosi di conoscervi e desiderosi di accertarsi che la loro adorata figlia sia altrettanto adorata da voi. Vogliono solo rassicurare il proprio cuore, che da quando la figlia ha circa 14 anni è sottoposto a uno stress anomalo.

Ci sono comunque alcuni accorgimenti che possono essere utili al momento del fatidico incontro per rilassare l'atmosfera e produrre una buona impressione.

Barba e capelli

Inutile negare che la prima impressione, quella esteriore, è qualcosa con cui tutti devono fare i conti. A meno di genitori particolarmente illuminati, è inevitabile che l'impatto visivo è un primo scalino da superare per l'accettazione e la buona convivenza con i genitori di lei. Cercando di immaginare la famiglia media italiana, è facile intuire che se la vostra epidermide è decorata con un drago verde ad ali spiegate che insinua la sua lingua biforcuta a spirale attorno al vostro collo, si dipana sulla schiena e vi artiglia le braccia fino ai polsi raggiungendo le caviglie con alcune delle sue nove code aculeate, l'unico consiglio che possiamo darvi è di fissare il primo appuntamento a dicembre inoltrato. Niente vieta di mostrare prima o poi (più poi che prima) il vostro poco sobrio tatuaggio ai futuri suoceri, ma salvo eccezioni è prevedibile che potrebbero rimanere vagamente impressionati da tanta arte (in senso positivo, naturalmente). Allo stesso modo se il groviera è il vostro mito e collezionate *piercing* sparsi per la figura, potrebbe essere gentile evitare di sottolinearne la presenza con decorazioni a sfera di peso e dimensioni pari a una palla da bowling. Non si tratta di rinunciare alla propria personalità, ma solo di avere un minimo di accortezza e diplomazia nel proporsi a degli sconosciuti, che impareranno sicuramente ad amarvi comunque voi siate. Ma hanno bisogno di un piccolo incoraggiamento. Per la maggior parte dei maschi non provvisti di simili evidenti ornamenti fisici, basterà una regolata ai capelli, in caso avessero raggiunto proporzioni forestali, e un bel viso rasato, un classico da bravo ragazzo. In fondo si tratta di un'occasione particolare, non c'è nulla di stupido nel cercare di apparire gradevoli. Senza arrivare allo smoking, indumenti freschi di bucato completano l'impatto positivo.

Frasi generiche

Se non state per sposare la figlia del colonnello Giuliacci, il tempo è sempre un validissimo argomento di conversazione quando non si sa bene su che terreno ci si sta muovendo. Non per voler essere banali o conformisti a tutti i costi, ma proprio non è il caso di cimentarsi in accese discussioni politiche, o peggio calcistiche. A meno di aver sondato prima il terreno con la vostra lei, e aver scoperto clamorose affinità, lasciate che le vostre convinzioni emergano lentamente, assieme alle vostre qualità, in modo da non creare una barriera pregiudiziale insormontabile.

Slalom

Schivare le domande è un'arte. Concedere risposte generiche e fumose che affermano tutto e il contrario di tutto una perizia di pochi imprenditori-politici. Ma per destreggiarsi tra i quesiti di futuri suoceri bisogna sviluppare capacità da oro mondiale. Per essere certi che la loro bambina non finirà sotto un ponte, i genitori si distinguono tra due categorie, quelli che vanno direttamente al punto («Quanto guadagni?») e quelli che vi fanno più discretamente i conti in tasca («Dove abitava tuo nonno? E tuo padre ha fratelli? Che tipo di futuro professionale ti immagini di avere?»).

Altra classica preoccupazione parentale è il grado di acculturazione, che può concentrarsi in una cieca fede nel classico "pezzo di carta" come in una indagine di più ampie vedute sulle ultime letture in corso. Così si passa da un disinvolto «Lei era bravissima a scuola, e tu?» a un meno diretto «Nella nostra ampia biblioteca ho trovato proprio ieri un titolo interessante, *Storia dell'agricoltura intensiva nel Liechtenstein, 1917-1920*, cosa ne pensi?». Ma fondamentale su tutti rimane l'interrogazione somma per verificare amore e sincere intenzioni dell'uomo: «Ma la vuoi sposare?». Se siete fortunati il destro può essere mascherato da gancio grazie a un più moderato «Mi sembri proprio un bravo ragazzo, la nostra bambina è stata fortunata» a cui dovete assolutamente riuscire a non impallidire.

Bon ton

Per fortuna, è ormai noto praticamente a tutti come comportarsi a tavola. Se però i genitori di lei vi hanno invitato a pranzo e sono, a differenza vostra, persone particolarmente cerimoniose, non spaventatevi, ma ricordate che sostanzialmente le buone maniere passano per il riguardo del fastidio altrui. Non è grave se di fronte a uno stuolo di forchette sbaglierete a scegliere quelle da usare per il primo, cercate piuttosto di limitare l'apertura del cavo orale soprattutto se farcito, e in generale di non fare movimenti e rumori molesti. Se poi la vostra fidanzata è giapponese, vuol dire proprio che amate le complicazioni!

Cortesia

Una buona mossa per conquistare i padroni di casa, in particolare la di lei mamma, sono i complimenti all'arredamento e alla cucina. Ma non sforzatevi di dire cose che non pensate. Siate naturali e se gradite qualcosa esprimete sinceramente il vostro apprezzamento. Se non trovate nulla di buono, non è necessario dire bugie. Un bel tacer non fu mai scritto.

Mani vuote

Presentarsi con un piccolo omaggio è sempre carino. Un mazzo di fiori, una piccola pianta, un libro, una buona bottiglia di vino o delle paste sono intramontabili sempreverdi che impegnano poco e rientrano nell'abitudine. Se però avete qualche abilità particolare e avete la tranquillità necessaria per dimostrarla, provate a offrire un pensiero di vostra creazione. Sempre che non siate un artigiano fornitore di sexy shop, il vostro dono colpirà senz'altro favorevolmente i genitori di lei per intraprendenza e premura.

Moine

Sia quando arrivate che quando ve ne andate, siate moderati. "Buongiorno" e "buonasera" sono quanto di più asettico vi si possa consigliare, a differenza di un troppo familiare "salve" o peggio "ciao". Mai dare del "tu" ove non richiesto. Alle presentazioni, fatevi forza e stringete la mano sorridendo anche al detestabile fratellino minore e magari elargite una grattatina d'orecchio al cane di casa, il beniamino della mamma che vi ha appena mostrato i canini con un guaito isterico – siete esentati se si tratta di un pitbull. Stringete robustamente la mano a entrambi i genitori, guardandoli negli occhi – indice di sicurezza – e non profondetevi in inchini e baciamano alla signora se non siete più che avvezzi a questo genere di moine. Al momento dei saluti finali, evitate frasi che contengano tempistiche strette, come "a presto"; ma forse non c'è nemmeno bisogno di dirvelo.

Infine ricordatevi sempre che è a lei che dovete piacere, non a loro. I genitori possono avere una certa influenza, ma sempre gestibile. Se ne hanno troppa... forse allora è meglio lasciar perdere! E poi si sa che i problemi insorgono tra suocera e nuora (a tal problema non c'è soluzione n'è suggerimento valido), e non tra suocero e genero, tantomeno tra il medesimo e la mamma di lei.

Cosa regalare a lei ♀

«Diamonds are a girl's best friend» recitava Marilyn in *Gli uomini preferiscono le bionde*, salvo poi ricredersi sul finale, in cui l'amore vero vince sull'interesse. Di sicuro di tanti regali tra cui scegliere, i gioielli non sono i più economici né, a onor del vero, i più originali. Nonostante sia più semplice individuare un regalo gradito per una donna piuttosto che per un uomo, essere sicuri di fare centro non è comunque mai scontato. Fare un regalo è un segnale, il desiderio di comunicare attenzione e affetto, o almeno così dovrebbe essere anche in occasione di feste comandate e ricorrenze ufficiali.

Pensarci con un certo anticipo

Riservarsi del tempo per trovare l'idea giusta e andare a procurarsela. Un libro introvabile acquistato di seconda mano, ma che lei cercava da tempo, è molto più apprezzato di un costoso volume illustrato scelto a caso in base al prezzo nella prima libreria incontrata. Le donne hanno antenne molto sensibili in questo senso.

Architettare un dono originale

La curiosità è femmina e un regalo anche non palpabile, ma inaspettato può colpire al cuore.

Incartarlo con cura

Se il pacchetto non è già stato fatto dal negoziante al momento dell'acquisto, cercate di essere voi un po' creativi. Usate nastri di due colori, aggiungete un fiore al fiocco o qualsiasi altra piccola decorazione. E non preoccupatevi di sembrare esagerati. Le attenzioni non sono mai troppe.

Se proprio non vi viene nessuna idea, eccovi qualche suggerimento:

Per la donna formale...

A parte gli immortali (maglione di *cachemire*, camicia di seta, gioielli), per la donna che ama la tradizione il problema è senza dubbio il costo del regalo. Questo genere di donna ama circondarsi di oggetti belli e alla moda, possibilmente griffati o *trendy*. Generalmente va matta per gli eventi mondani e quindi, se non vi spaventa, potrete fare un figurone presentandovi, per esempio, con un abbonamento a teatro, avendo l'accortezza di scegliere un teatro di prosa e non di cabaret. Abbastanza originale ma sicuramente *trendy*, regalare un ciclo di massaggi, magari di una lontana scuola orientale. Un corso di equitazione piuttosto che di vetrate antiche potrebbe iniziarla a una nuova passione; così come donarle un'icona sacra russa magari la stimola a iniziare una collezione. Per doni meno dispendiosi si può pensare a belle cornici, non forzatamente d'argento, magari con un ingrandimento fotografico già inserito, oppure un bel vaso di fattura originale, un portagioie o una microscopica borsa da sera, proprio del colore di quel suo ultimo vestito in tulle.

Per la donna informale...

Decisamente più fantasiose le possibilità di dono offerte per il compagno di una donna poco amante delle convenzioni. Dall'abbigliamento più vivace – zainetti colorati, pantaloni a fiori, copricapo di ogni foggia e tipo – agli abbonamenti a riviste di fotografia, attualità o fumetti, questo tipo di fidanzata ha molti interessi per cui non è necessario ingegnarsi troppo per farla felice. Se ama le piante, una piccola serra da balcone o un completo per il giardinaggio; se ha un po' di tempo libero, un corso di giocoliere la incuriosirà, mentre un tatuaggio dalle dimensioni ridotte potrebbe tentarla. Infine, se tende più al casalingo una bella sedia ergonomica le concilierà la lettura; se irrequieta, un binocolo da *birdwatching* o comunque attrezzatura da esploratrice saranno un pensiero apprezzato.

Per la donna mooolto informale, quasi controcorrente

Un libro resta sempre un gran regalo, anche se per questo genere di ragazza è imperativo trovare una pubblicazione particolare, magari affine agli studi che sta conducendo al momento (Esoteria? Psicanalisi? Scienza degli insetti sociali? Telenovelas?). Anche la tessera per un cineforum d'*essai* – meglio ancora i biglietti d'ingresso per un festival di cinema muto – rappresenta una risorsa, così come uno *stage* di teatro dell'oppresso le darebbe l'opportunità di esprimere istinti inesplorati (accompagnatela). Una stampa di Bacon o di un altro artista tra i suoi preferiti, un gioiello di latta realizzato a mano da un artigiano del riciclo, una tromba – un violoncello, i bonghi – sono idee utili per soddisfarla. Se poi ama la natura, regalarle il viaggio per andare sull'isola in cui le tartarughe fanno le uova, dove i volontari proteggono i piccoli fino a che raggiungono l'acqua, sarà una sorpresa molto apprezzata.

Detto questo, potreste osare. Ovvero provare un regalo di quelli adatti alla donna formale per l'informale, e viceversa, e vedere l'effetto che fa. Magari potreste essere testimoni se non ispiratori di un rivoluzionario cambiamento.

Cosa regalare a lui ♂

Capitolo decisamente arduo. Forse perché le donne sono generalmente più prolisse nell'esprimere le proprie preferenze, da cui una maggiore possibilità di trovare spunti di regalo, per gli uomini non è strettamente necessario cimentarsi nell'ardua impresa di entrare nella testa della propria compagna per cercare di interpretare e accontentare i suoi desideri – naturalmente quello dei regali è l'unico caso. Per quel che riguarda gli uomini il problema è duplice. Se è difficile indovinare cosa possa piacergli, è doppiamente complicato reperire il liquido necessario per accontentarlo.

Tipico esempio sono le **cianfrusaglie tecnologiche**, di cui pare che la stragrande maggioranza dei maschi vada ghiotta.

Telefoni cellulari multifunzione, computer ultrapiatti superveloci, collegamenti Internet dai nomi femminili (o ittici, a seconda dell'associazione cui siete più abituati), autoradio, auricolari e cuffie a infrarossi, palmari, video e fotocamere, videoregistratori, tastiere da computer senza fili, lettori Cd e Dvd, radiosveglie, per tutti la parola d'ordine, il minimo comune denominatore è: digitale. È fondamentale che qualunque aggeggio elettronico riusciate a scovare funzioni a segnale alternato, segno distintivo del nuovo millennio.

- Regina incontrastata dei desideri maschili, battendo in volata anche il calendario di Manuela Arcuri: la **Playstation**. Dovete avere un supremo autocontrollo, un grande amore e una forza d'animo notevole. Il rischio di essere poi trascurate è grosso, ma la gratitudine al momento di scartare il dono è impagabile.
- In occasione di una partita o un concerto particolarmente attesi, se più o meno coincidenti con la data del festeggiamento, potete cercare di trovare i **biglietti** per farlo felice.
- Un **orologio**, ma non il solito da polso: un bel segnatempo da parete, dal cucù alla pendola, dalla meridiana all'apparecchio a cristalli liquidi che segna contemporaneamente l'ora locale, quella di New York e quella di Tokyo. Gli regala la sensazione di libertà e internazionalità che tanto ama senza allontanarlo necessariamente da voi.

Si dice che ogni uomo sia un po' bambino; se non riuscite ad avere la necessaria rassegnazione per accettare gli aspetti meno positivi di tale assunto, godetevi almeno gli spunti felici che vi può offrire. Un bell'**aquilone** colorato e fronzuto da far volare nelle giornate di vento è un'idea originale – infelice se vivete a Milano, quindi regolatevi.

Se da poco avviato a una nuova professione, una buona scorta di **biglietti da visita** freschi di stampa è una proposta che potrebbe soddisfarlo.

Gli **animali** sono sempre un terreno a doppio taglio: possono rappresentare un regalo azzeccato a un uomo affettuoso, amante dei cuccioli, ma anche un impegno notevole per chi non ha trasporto per gli esserini muti che ci circondano. Dunque sondate prima il terreno, siate certe delle sue intenzioni onde evitare spiacevoli imprevisti. Se però lo sapete un appassionato zoofilo, sotto con tartarughe d'acqua, micini, cani, pappagalli, conigli. Anche questo dono richiede comunque un po' di attenzione alle sfumature: regalare un canarino a un cacciatore non è forse fare una ciambella con il buco, così come un pesce rosso a un appassionato di lenze. A meno di non avere l'esplicito intento di sensibilizzare il proprio compagno alla vita di queste specie.

Infine, se siete dotate di un notevole senso dell'umorismo, e magari pochi spicci, potete confezionare con le vostre abili e adorabili manine, due bei **cartellini**, uno rosso e uno verde, da regalare al vostro lui. I due strumenti saranno la sua possibilità di espellervi – temporaneamente, s'intende – in caso di serata al maschile, intolleranza alle vostre chiacchiere o indisposizione alle vostre richieste; inutile aggiungere che quello verde è invece il jolly che si potrà giocare in caso di necessità, esigendo la vostra presenza al suo fianco in tempo record e con la più santa delle pazienze.

Una piccola chiosa al capitolo regali, sia per lui che per lei, è d'obbligo. Il regalo è dimostrazione di attenzione, di cura verso l'altro. Al di là degli scherzi, non è mai necessario trovare idee stratosferiche, fare debiti per acquistare oggetti costosi. L'importante è provare piacere nell'accontentare l'altro. Nelle giornate vorticose imposte dal nostro sistema sociale, forse un pomeriggio di pausa da attività e lavoro, da trascorrere insieme per fare due chiacchiere, potrebbe essere il più gradito dei doni. Da consumare non necessariamente in occasione di una data particolare.

Le sorprese, come farle e quando evitarle

La tempistica e le modalità della sorpresa sono due fattori su cui lavorare con scrupolo per aggirare il pericolo di trasformare una lodevole iniziativa presa con la migliore delle intenzioni in una "Caporetto" sentimentale. Chi non ha presente l'imbarazzante scena di *Sliding doors* in cui il di lei ritorno anticipato a casa la pone dolorosamente di fronte al fidanzato a letto con un'altra? Meglio dotti che becchi, dirà qualcuno. Ma prescindendo da simili sottili confronti, la sorpresa rimane un delicato oggetto di analisi, da non sottovalutare onde evitare clamorosi autogol. I rischi sono il sale della vita, ma un sano calcolo delle probabilità può fungere da forse meno poetico ma sicuramente più funzionale glutammato. Se l'intento, come dovrebbe, è quello di regalare una piccola farfallina nella pancia al proprio bene, stupendolo con un improvviso e gratuito moto d'affetto, è bene osservare alcune regole per evitare che il senso di vuoto allo stomaco si tramuti in calcolo renale. Un'ultima considerazione: il concetto di sorpresa, dal vocabolario «sorprendere: prendere a un tratto, improvvisamente, colpire di meraviglia», è legato a quello di strano, ovvero di diverso dal consueto, insolito e nuovo. Dunque anche un abbraccio in pubblico da parte di chi è refrattario a questo genere di effusioni, oppure una telefonata durante l'orario solitamente consacrato al telefilm con il proprio attore preferito possono essere una sorpresa impagabile.

Per lui ♂

➽ Ricordarsi di levare il prezzo. Qualunque sia l'acquisto fatto, nel momento in cui si porge il pacchettino nelle mani dell'amata è importantissimo essere certi di aver tolto il cartellino con la cifra spesa. Soprattutto se, per fare bella figura con poco, si è fatto un acquisto in saldo.

- Imparare a stirare e farle trovare una "pigna" di camicie pronte e profumate potrebbe stecchire di stupore qualunque donna. Non è difficile, basta vi convinciate che l'uomo non è geneticamente impedito a condurre un ferro da stiro. E poi riflettete, probabilmente avreste anche l'onore della copertina di qualche rivista femminile.
- Godere di un pizzico di fantasia e originalità a letto pare essere uno dei desideri più diffusi tra le donne. Ma cercare di ottenere lo scopo rinfrescando il vostro *look* intimo indossando a sorpresa strani perizoma pitonati non è forse l'idea migliore.
- Vietato entrare in bagno a sorpresa, nemmeno con un gran mazzo di fiori, mentre lei è in seduta. Certe intimità vanno rispettate, e non importa se siete usciti prima dall'ufficio apposta. Attendete in buon ordine che la signora abbia finito, qualunque attività stesse svolgendo, per evitare anche a voi stessi di trovarvi faccia a faccia con la vostra dea impastata di crema scolorente sui baffi o con la stagnola in testa per tenere caldo l'henné. I trucchi del mestiere fanno parte del mistero necessario alla magia.

➳ Evitate anche di presentarvi a sorpresa guardacaso ogni volta che lei ha la casa libera. Dopo la terza volta, nemmeno gli avvocati di O. J. Simpson potrebbero convincere una giuria imparziale che i vostri intenti non sono sospetti. E poi vi lamentate se le donne vi rinfacciano di pensare solo a quello.

➳ Ancora, attenzione ai fiori che si comprano per un gentile omaggio inatteso, magari dall'ambulante che passa tra i tavoli. Il gesto può sembrare molto galante, ma si rivela perdente. Generalmente vecchi, i fiori chinano tristemente il capo appena tornata a casa. Meglio rifornirsi di fiori freschi da un venditore di fiducia.

➳ Sempre a proposito di fiori, inviare rose rosse a casa è un pensiero molto romantico. Proprio per questo dovete assolutamente evitare di farlo con la vostra amica del cuore (che poi, si sa, le amiche del cuore degli uomini...), anche se volevate solo sdebitarvi di un enooorme favore che vi ha fatto. La pena, se la vostra lei lo scopre, è capitale.

➳ Se molto cavallerescamente la invitate a cena a sorpresa, durante la settimana, un giorno qualunque quando non c'è assolutamente nulla da festeggiare, solo voi due, in quel localino romantico e costosissimo, candelina accesa sul tavolo e vista sulle mille lucine della città, non demolite la serata pagando con la carta di credito aziendale!

➳ Infine, la sorpresa delle sorprese. L'anello. Qualunque cosa vi dica lei, non andate a comprarlo insieme, non lesinate sulla spesa e soprattutto non aspettate troppo. C'è un momento giusto, e solo voi, leggendo nel vostro e nel suo cuore, potete conoscerlo. Fatevi sotto, lei non aspetta altro!

Per lei ♀

➻ Anche gli uomini adorano essere invitati a cena senza un motivo specifico, soprattutto a casa vostra. Ma estendere l'invito alla propria cara amica, che è stata improvvisamente mollata e quindi ha tanto bisogno di consolazione, è una sorpresa che non gradirà sicuramente. È vero che gli uomini devono imparare ad apprezzarvi anche per la vostra intelligente conversazione, ma non è nemmeno corretto trarli in inganno così. Almeno avvisate della partecipazione del "convitato di pietra": sarà lui a scegliere se intervenire comunque o se ritirarsi in attesa dell'esclusiva.

➻ Molto scorretto mascherare la propria gelosia in improvvisate repentine e frequenti a qualsiasi ora del giorno e della notte. Gli uomini sanno essere – a volte, alcuni – un po' insensibili, ma non sono mica stupidi! Autocontrollo, fiducia in se stesse e in lui sono indispensabili per godere insieme invece delle vere improvvisate. Capitate dalle sue parti a sorpresa solo quando davvero avete tanta voglia di abbracciarlo o di essere abbracciate.

➻ Avete una copia delle sue chiavi di casa, conoscete a memoria i suoi orari, e allora perché non preparargli una bella sorpresa e fargli trovare casa sua una volta tanto perfettamente riordinata? Perché lui lo detesterebbe! Quello che voi definite disordine è per lui uno stile di vita alternativo, e solo sotto una montagna di abiti accatastati senza logica apparente può trovare i suoi calzini blu; i Cd che a voi sembrano abbandonati su uno scaffale seguono in realtà una disposizione di ordine temporale e affettivo che solo lui – ma di chi sono, del resto? – sa ricostruire. Lasciate stare. Piuttosto, fatevi trovare lì una sera per caso, fuori dalla porta, con una piccantissima cena acquistata alla rosticceria indiana in una mano e una bella videocassetta appena sfornata nell'altra.

➳ Che idea carina, regalargli un maglione fatto a mano da voi. Ma nell'intento di non farvi scoprire non tenete per buone le misure del vostro ex fidanzato che faceva nuoto a livello agonistico, facendolo sentire uno hobbit nel momento in cui lo indossa. Gli si spegnerebbe il sorriso sulle labbra nel sentirsi sminuito per la sua ampiezza di spalle non esattamente olimpionica.

➳ Invece di insistere a organizzargli feste di compleanno a sorpresa, il cui puzzo ormai riconosce con almeno venti giorni d'anticipo, architettate una serata particolare per voi due soli. Pizza con le mani, rutto libero e zingarata fino all'alba guidando verso il mare, oppure cena giapponese e notte nella suite imperiale del Grand Hotel cittadino, lo stile decidetelo voi.

➳ Non sperate di sorprenderlo con un nuovo taglio di capelli. Gli uomini sono tendenzialmente conservatori, se rivoluzionate la vostra testa impiegheranno circa una settimana per abituarsi, limitandosi a guardarvi con occhi straniti, anziché saltarvi addosso entusiasti come vi eravate aspettate; se invece circoscrivete il cambiamento a pochi effetti di colore, con tutta probabilità non se ne accorgeranno nemmeno, lasciandovi comunque deluse. Quindi, se volete andare dal parrucchiere fatelo solo per voi stesse.

➳ Lo ripeteremo all'infinito, attente al calendario sportivo. Quello che per voi può essere un giorno qualunque, per lui potrebbe essere l'appuntamento atteso da mesi, la finalissima del torneo dei tornei del coppone delle stracoppe. Arrivarsene bel belle con i biglietti d'aereo per volare a Parigi il fine settimana può essere tollerato solo se è proprio lì che si tiene la partita.

Il sesso del vocabolario

Regola numero uno: in un rapporto, mai dedurre. Sicuramente state sbagliando. È ormai quasi leggendaria la differenza di vedute tra i due sessi. Esiste questa meravigliosa e raffinata forma di comunicazione chiamata parola, che galoppa in vostro aiuto per relazionarvi agli altri come una carica di cavalleria: impiegatela! È vero però che tra uomini e donne non sempre basta confidare nel linguaggio per comprendersi. Non stiamo parlando di sfumature della semantica, che per quanto ampie dovrebbero poter essere bene o male riconducibili a una fonte inequivocabile. Intendiamo proprio grossolani travisamenti di significato delle parole, che paiono avere, a seconda dell'appartenenza genetica, peso specifico, importanza e preziosità differenti. Tutti e tre generalmente molto maggiori per le donne che per gli uomini, a cui spesso cascano di bocca apprezzamenti o critiche soprappensiero che vengono stimati dalla compagna secondo unità di misura totalmente differenti e sortiscono l'effetto devastante di una testata nucleare su una foresta vergine. Allo stesso modo, trascurare l'ipertesto, il messaggio subliminale, l'allegoria celata dietro innocue domande e risposte femminili da parte del maschio, che si limita al significato letterale delle frasi, può produrre in seguito una recrudescenza virale gravissima di infezioni pestilenziali, scambiate inizialmente e con troppa leggerezza per semplici influenze. Esistono però espedienti utili per aiutarsi nell'interpretazione reciproca. Primo fra tutti, fare attenzione al **tono**. La frase potrebbe anche essere «Fai pure, non mi dispiace», ma se il grado di acidità che traspare dalla voce è quello di uno yogurt andato a male da un mese, il nostro consiglio è di badare bene, "gatta ci cova". Ancora, il linguaggio del **corpo**. Se lei vi dice che sì, effettivamente siete riusciti a buttare giù la famigerata pancetta e intanto ride, dovrebbe quantomeno sorgere nella vostra mente volpina l'ombra di un sospetto. Terzo accorgimento, **guardare** il proprio compagno. Se vi sta dicendo che vi ama follemente e che rimarrà tutta la vita al vostro fianco mentre infila tutta la sua roba nelle valige, è evidente che qualcosa non torna. Forse proprio lui. Analizzare lucidamente i **fatti**. Se dopo due anni di relazione furtiva lui continua ad assicurarvi di voler lasciare la moglie perché non la ama, e lei rimane incinta, potete pensare che anche lei abbia l'amante. Oppure, meglio, che lui non ha le idee chiare. Essere un po' **psicologi**. Non è necessario essere impietosi per amor di verità. La sincerità assoluta è il limite delle persone razionalmente leali. Ma la lealtà che interessa, in un rapporto di coppia, non è quella dell'occhio. È quella del cuore. E se lei ha un po' di cellulite e sta provando a combatterla, inutile dirle in un gesto di estrema onestà che le creme non servono. Baciatela con passione e lei capirà molto meglio che le sue rotondità non costituiscono un problema.

Se poi preferite un prontuario di spiccia consultazione per avere a portata di mano la traduzione simultanea delle frasi del vostro partner, di seguito troverete alcuni spunti utili all'uopo. Tenete in ogni caso bene in mente che il migliore modo per intendersi è guardarsi dritto negli occhi, confidarsi francamente l'uno con l'altra, soprattutto in caso di serie difficoltà. Comprendere un'altra persona è un lavoro impegnativo, che richiede sempre uno sforzo, ma che poi ripaga abbondantemente.

VOCABOLARIO DI LEI

"Forse", nel vocabolario femminile, può avere molteplici significati. Se accompagnato a un sorriso ammiccante, significa spesso "sì"; al contrario, **"poi vediamo"**, soprattutto se seguito da gesti di palese insofferenza, è generalmente un modo di prendere tempo prima del "no" definitivo. Se una donna comincia una frase con **"abbiamo bisogno"** in realtà sta cercando di essere diplomatica: nella sua mente la frase esatta sarebbe per esteso "io voglio"; **"fai come vuoi"** corrisponde a un minacciosissimo "questa me la paghi". **"Oggi sei molto maschio"** è un evidente invito a radersi la cartavetrata che avete al posto delle guance; state accorti invece al vecchio ma sempre efficace tranello del **"quanto mi ami?"** che accompagnato da fusa è sintomo di una richiesta pesante in arrivo o di una spiacevole confessione. L'avverbio **"sinceramente"** e tutto ciò che può seguire, dal **"mi trovi ingrassa-**

ta?" al **"secondo te ho il naso grosso?"** va sempre ad ogni costo sostituito con un "se mi risponde sì vuol dire che non gli piaccio e quindi lo mollo". Quindi la risposta vi vedrà protagonisti di una totale e incondizionata smentita, anche di fronte all'evidenza più smaccata. Allo stesso modo, la frase **"come sto vestita così?"** va convertita in "dimmi che sono bellissima". Di fronte a un **"Tu mi capisci, con te posso parlare"** mettetevi il cuore in pace, non sarà mai la vostra ragazza; **"ho bisogno di stare un po' da sola"** è un altro gentile "due di picche"; di contro, **"no dài"**, con il sorriso sulle labbra è un esplicito invito a proseguire. Se vi sussurra un **"hai visto cos'ha regalato alla mia amica il suo fidanzato?"** catapultatevi dal gioielliere; **"il tuo amico è proprio un cialtrone"** è un pericolosissimo segno di interesse. **"Sono pronta"** implica una mezzora buona di ulteriore attesa. Si deve ancora vestire e truccare.

VOCABOLARIO DI LUI

Partiamo da un classico: **"Sei un tipo"** significa tutt'al più che siete simpatiche, ma non cercate conforto nello specchio; drizzate bene le antenne invece in caso di commenti sulle altre donne, da tradursi come segue: **"è brutta"** = "è carina", **"è carina" =** "è bellissima". Anche commenti mascherati del tipo **"bel vestito, la tua amica"** va riletto come "bel fondoschiena, la tua amica".

Non scioglietevi subito di tenerezza di fronte alla frase **"fammi una coccola"** perché va generalmente intesa come "grattami la schiena".

"Cosa c'è che non va?", soprattutto se seguito da uno spazientito **"ora"** non lascia adito a dubbi: è sicuramente un "oddio, un'altra paturnia gratuita e seccante".

Poi c'è una serie di affermazioni atte a compiacere la propria compagna, che soprattutto se espresse durante i primi tempi di frequentazione, sono sin-

tomatiche di un unico desiderio vecchio come il mondo. Tra tali interrogazioni si annoverano apparentemente innocue proposte come **"Andiamo al cinema?"**, "Usciamo a cena?", "Ti posso chiamare anche in ufficio?", "Balli?".
Sempre durante le prime uscite insieme guardate con occhio disincantato asserzioni del tipo **"tuo fratello è simpatico, anche se siamo due tipi diversi"**, in realtà vorrebbe dargli del cerebroleso, ma ha paura di perdervi; **"interessante"** è un vostro discorso straordinariamente tedioso e che lui certamente non condivide.
"Mi costa tantissimo, ma devo proprio andare" è una cena tra amici – se non peggio – mascherata da appuntamento di lavoro; al **"ti chiamo io"** siate consapevoli del fatto che è finita.
Infine, non cantate vittoria di fronte al suo **"parliamone"**, che spesso cela una sconsolata rinuncia al dialogo in favore di un ascolto passivo e assente.

Parole da dimenticare

In amore, il dire è quasi peggio che il fare. Parole apertamente taglienti, oppure frasi apparentemente innocue, che mascherano sottili allusioni e perfidie dissimulate tra le righe, sono decisamente peggio di un sano lancio di ceramiche di Limoges per la cucina. Nella comunicazione di coppia esiste infine un genere di proposizione detta "a sguardo da *Shining*", perché si insinua pericolosamente nella tranquilla armonia del *ménage* rischiando di tramutare la persona a cui è diretta in un truculento maniaco tendente all'eliminazione fisica del compagno/a. Da un'attenta indagine delle frasi incriminate, balzano all'occhio alcune interessanti sottolineature che forse vale la pena di analizzare più diffusamente. Le donne si irritano più facilmente durante la fase dell'approccio. Sono infatti numerose le frasi che le infastidiscono in questo delicato momento della coppia-in-divenire. Lui invece, pare di notare, affronta di slancio l'inizio, mentre diventa più intollerante man mano che il rapporto si consolida. Nel complesso, è bene ricordare che lei non sopporta gli atteggiamenti falsi del conquistatore cowboy, la poca originalità nell'omaggio, che lascia trapelare una serialità di sentimenti, e le smancerie ipocrite che non fungono altro che da paravento per uno scopo differente. Che, attenzione, potrebbe anche voler condividere, a patto di essere sinceri. In generale le donne hanno un nervo particolarmente scoperto riguardo alla mancanza di schiettezza: non amano sentirsi prese in giro con atteggiamenti buoni per far fesso un grullo (almeno all'inizio. Una volta innamorate, è fatta).

Gli uomini, a loro volta, non amano le complicazioni: soffrono di "sindrome del leone" (il re della foresta, che però aspetta sdraiato il cibo dalla leonessa), e adorano la vita tranquilla, accanto a una donna serena capace di condividere con loro le piccole gioie dell'esistenza – una bella partita al computer, il telegiornale della sera "spaparanzato" sul divano in mutande, la pizza a domicilio. Se tenete presente queste fondamentali differenze, probabilmente verrà da sé che le frasi seguenti non affioreranno mai alle vostre labbra. Comunque vada, evitate a qualunque costo di pronunciarle.

COSA NON DIRE MAI A LEI

1° Fase - durante l'approccio

«Ma come fa una ragazza come te a non avere il fidanzato?» Accanto a «Sei fidanzata? Non importa, non sono geloso» è uno dei più sfruttati tentativi di fare il brillante che la tradizione ci tramanda. Se non siete disposti a fare un piccolo sforzo di originalità all'inizio, chissà che barba dopo un paio di mesi. «Tuo padre era per caso un ladro? Perché qualcuno ha rubato le stelle dal cielo e le ha messe nei tuoi occhi». Probabilmente, il primo uomo che ha usato questa frase, nel Medioevo, ha colpito al cuore la dolce fanciulla che aveva di fronte. Voi rischiate di essere colpiti in un occhio. «Complimenti alla mamma». Anche questo commento, che rientra nella serie "famiglia" come il precedente, è polveroso e scontato, se non addirittura un po' pecoreccio. «Ti sono mancato?» L'eccesso di compiacenza è palese. Se anche provate a insaporire un po' la minestra con una spruzzata di ironia, non è facile che lei la apprezzi. «So che tipo sei». Ma come, lei, l'unica, inimitabile, originale, con quelle sfumature intriganti che impiegherai una vita per scoprire? Non puoi saperlo. Una simile clamorosa dichiarazione di supponenza merita una punizione esemplare: ripassate tutto Socrate e il suo saggio «so di non sapere» prima di riprovarci.

2° Fase - a letto

«Ti è piaciuto?» È molto cortese da parte vostra interessarvi alla soddisfazione della controparte, ma ci sono modi meno espliciti e più garbati per ottenere la stessa informazione. Questa frase, da film soft-sporcaccione anni Settanta, ha più il sapore di un vago autocompiacimento piuttosto che di una sana e altruistica premura.

«Ah, così è questo il famoso reggiseno push up. Davvero miracoloso!» Ammesso e non concesso il più innocente e scientifico stupore di fronte ai prodigi della moderna *lingerie* femminile, rendetevi conto degli sgradevoli annessi che un simile commento trascina con sé. È vero che le donne tendono all'arrovellamento molesto, ma voi cercate di non fornire loro materiale di prima scelta su cui rimuginare.

3° Fase - tutti i giorni

«Ti voglio bene». Si vuole bene al cane, alla mamma, all'amico d'infanzia. La propria compagna merita un sonoro e appassionato «ti amo», soprattutto se in risposta a una sua dichiarazione. Non è difficile: ogni mattina, davanti allo specchio, esercitate le mascelle con opportuni esercizi di scioglimento dei muscoli facciali. E del cuore. È solo questione di pratica! «Sei come tua madre». Doppio autogol. Se lei la ama, vi scoprite clamorosamente con un intento critico e quindi vi beccate come minimo un «cos'hai contro mia madre?». Se la odia, è uno degli insulti peggiori – Freud insegna.

COSA NON DIRE MAI A LUI

1° Fase - durante l'approccio

«Mi sento confusa». Cominciamo bene. Non che sia illegittimo avere momenti di debolezza, dubbi, perplessità, soprattutto in amore. Ma se il tira-e-molla può essere sgradevole per una donna, non significa che per l'uomo sia piacevole. Anche i maschietti si sentono insicuri e si preoccupano di essere presi in giro, di soffrire, di essere usati. Dunque se non avete ancora le idee chiare riguardo a chi amate e chi no, chiaritevi prima, onde evitare abbocchi che non portano a nulla. La disillusione è dolorosa per chiunque. Chiamarlo con il nome dell'ex, anche se è scappato per caso, anche se non volevate, può essere davvero sgradevole. Impegnatevi a fondo perché non succeda. E provate a mettervi nei suoi panni.

2° Fase - a letto

«Mi ami?». Il sentimento è fondamentale. Così come il tempismo, del resto. Senza voler passare per antiquati, un simile interrogativo, se preme davvero alla fanciulla, andrebbe posto PRIMA di infilarsi tra le lenzuola. Se poi avete fatto le cose con ordine, e portate una splendete fede al dito, la questione diventa addirittura superflua. Non credete che in caso contrario lui sarebbe altrove? In fondo l'interrogativo è anche un po' offensivo. O siete una sorta di *playmate*, da desiderare solo per le sue curve, oppure gli state dando dell'incapace a trovarsi qualcuno di più coinvolgente.

«Hai notato che il soffitto ha bisogno di una rimbiancata?». La posizione del missionario offre obbiettivamente una buona panoramica della stanza in cui siete, ma un simile, distaccato commento smorzerebbe gli entusiasmi anche di Rocco Siffredi. Anche se lui non è un mago un po' di coinvolgimento sarebbe di incoraggiamento.

3° Fase - tutti i giorni

«A cosa stai pensando?». Può sembrare incredibile, eppure accade. A volte lui non sta pensando a voi, e alla inenarrabile fortuna che gli è occorsa nell'incontrarvi. Fatevene una ragione e non assillatelo. Tanto se risponde «a te» sta mentendo, se è sincero vi ritroverete a parlare di Schumacher e dell'ultima *pole* della Ferrari.

«Pensi che Fernanda Lessa sia più bella di me?». Ma che domande fate? L'avete guardata bene? E allora cosa pretendete da un uomo? Questa è induzione alla falsa testimonianza! Evitate i confronti avvilenti, evitate i confronti in generale. Non è solo per la bellezza che ci si innamora, per fortuna. Anzi, spesso ciò che abbaglia inizialmente poi si rivela una fregatura. La bellezza è una strana combinazione, una sapiente miscela di intelligenza, sensibilità, sicurezza e serenità interiore che sono decisamente più rare di un'autentica 90-60-90.

«Non so cosa mettermi». Abbiamo già accennato alla differenza di vedute tra i due sessi. Questa è una: l'importanza di indossare il capo giusto. Non solo lui è assolutamente insensibile alle sfumature, una forma di parziale daltonismo probabilmente legata a disfunzioni genetiche di cui dovete semplicemente prendere atto. Ma è anche meno severo nel giudicare una toeletta. La praticità per lui gioca un ruolo fondamentale: se dovete andare al cinema (quindi in una sala buia) e manca un quarto d'ora all'inizio della proiezione, è ritenuta intollerabile la vostra indecisione di fronte al guardaroba. Che oltretutto esonda di abiti.

«Non vedi che questa camicia sta malissimo con quei pantaloni?». E lasciatelo vestire come gli pare! Conseguente alla riflessione precedente, ciò che indossa lui non deve essere affar vostro. Ha già sopportato per trent'anni la mamma, ora lasciatelo libero di accostare la camicia awaiana al pantalone gessato. Del resto, gli strani dettami della moda accozzano anche peggio e lo chiamano stile eccentrico.

«All'inizio non eri così. Non mi ami più». La necessità di una riconferma costante della dedizione assoluta e dell'amore imperituro del proprio partner è una debolezza tipicamente femmina. Se usata in tono scherzoso, una volta ogni due anni, questa locuzione può essere vagamente tollerata. Altrimenti scatena l'irritazione del ragazzo che si trova costretto a riflessioni e atteggiamenti che non gli vengono spontanei. È normale cambiare il proprio comportamento nel tempo. È giusto pretendere sempre attenzione e consapevolezza da parte del partner, così come garantirla a vostra volta – del resto, anche voi i primi tempi esultavate estasiate ai suoi trionfi durante le partite scapoli-ammogliati come fosse Totti, ora fate il tifo per l'altra squadra – ma senza esagerare. E soprattutto senza tormentarlo: se ritenete che il disinteresse da parte sua sia grave, parlategliene seriamente, altrimenti evitate di infliggergli simili lamenti inconcludenti alla stessa frequenza con cui vi lavate i denti.

«Che faresti se ti lasciassi?». La risposta esatta, secondo l'etichetta femminile, è «Non potrei sopravvivere». Anche in questo caso si tratta di un subdolo tentativo di misurare il trasporto emotivo e il coinvolgimento del partner. Ma interrogarlo a bruciapelo, magari mentre è rilassato sul divano dopo una dura giornata di lavoro, significa proprio pretendere che stia costantemente all'erta tipo cecchino durante il conflitto. Non concepite la vostra vita in comune come una continua battaglia per la conquista di nuovi territori nel suo cuore. E poi, mai insinuare nella sua mente una simile idea. Potreste verificare con amarezza che invece di rispondervi, una luce improvvisa e un sorriso assente si stanno facendo largo sul suo viso. Lasciate perdere.

«Ci siamo persi. Perché non accosti e chiedi?» Sapervi guidare in ogni occasione con piglio sicuro ovunque vi troviate, pare essere un punto d'onore per quasi ogni uomo. Non demolite la sua immagine dandogli distrattamente del perdente. Per voi potrà anche non essere importante, ma per lui è in atto un meccanismo di proiezione del ruolo di guida del branco in quello di autista. Essere leader della famiglia per un uomo passa anche dalla conduzione automobilistica. Siate comprensive e pazienti. Al limite, offrite supporto consultando voi la cartina.

Parole, parole, parole...

La comunicazione amorosa

Sembra quasi un controsenso. Parola ed emozione, *logos* e *pathos*, ragione e sentimento. Da sempre ci hanno insegnato a distinguerli, se non a tenerli rigidamente separati, come l'uomo e la donna, la forma e la materia, il bianco e il nero. Come soprattutto se non potessero essere due facce di una medesima medaglia: con le parole di Woody Allen, «Non è facile mettere d'accordo cuore e cervello. Cuore e cervello... i miei non si danno nemmeno del tu». Eppure riuscire a coniugare questi due aspetti essenziali della vita di ogni persona è il segreto di un buon equilibrio. Riuscire a veicolare le proprie emozioni in parole (di senso compiuto) è il risultato di una impegnativa ma non impossibile pratica di conciliazione degli emisferi cerebrali.

Se poi è difficile avere le idee chiare, ancora di più lo è riuscire a esprimerle di fronte alla persona amata. Spesso allora carta e penna rappresentano la spiaggia, la terraferma su cui approdare durante la tempesta dell'emozione che blocca la favella. Scrivere – la vostra insegnante delle medie non l'avrebbe mai detto – diventa così la scialuppa di salvataggio, la strada preferita per arrivare al cuore di chi si ama. Lo scritto concede il tempo, la serenità e la lucidità necessari che si perdono di fronte a due occhi puntati su di voi – quando non otto, se gli amici ottusi e portinai non capiscono che è arrivato il momento di togliere il disturbo.

Anche così, però, comunicare il proprio amore al partner è una sfida che non è facile raccogliere, sebbene indispensabile da saper gestire. Vi proponiamo allora alcune soluzioni facili per aiutarvi a esprimere tutto l'amore che c'è.

Bigliettini: come scriverli

Il biglietto è una forma di comunicazione breve, qualche parola d'auguri in occasione di ricorrenze speciali oppure semplicemente un impulso improvviso, un desiderio che nasce nel corso della giornata quando tuttavia non è possibile telefonarsi o parlarsi. A volte vive comunque di vita propria, indipendente dalle possibilità di comunicare a voce con il partner: lo scritto si nutre di riservatezza, e permette alle parole più difficili, alle emozioni più profonde di trovare una strada e materializzarsi di fronte a chi si ama. Può essere inoltre una strada per riconciliarsi, un modo per spezzare la tensione di un momento difficile, o di ribadire quel sostegno e quella presenza che già sono testimoniati con le azioni.

Non abbiate paura della pagina bianca. Non abbiate mai paura di essere giudicati da chi vi leggerà. Le vostre parole, se arrivano dal cuore, saranno sempre ambrosia per chi vi ama.

Anche in questo caso, vi suggeriamo alcuni piccoli espedienti tecnici per riuscire al meglio nel vostro intento espressivo.

- Ascoltarsi. Chiudere gli occhi e respirare profondamente, concentrarsi sull'amato bene, cercare di non ridere pensando al suo tuffo a bomba dell'altroieri e rilassarsi. Non sentitevi ridicoli. E poi tanto non vi vede nessuno. Forza!
- Ricordare la vostra vita di coppia e riportare alla memoria un momento magico trascorso insieme. Un concerto, una passeggiata sotto le stelle, i brividi del primo bacio, i brividi del secondo, i brividi del terzo...
- Pensare alle cose che vi piacciono del vostro partner. A come strizza gli occhi per vedere senza occhiali, a come si imbianca il naso quando mangia la panna montata, alle sue lunghissime gambe, alle orecchie a sventola, al modo in cui balla, alla passione che mette quando lavora, alla sua allegria, a come vi stringe, insomma, vedete voi. Se non vi viene in mente nulla forse dovreste prendere in considerazione l'ipotesi di non essere più innamorati.
- Ascoltare la vostra canzone preferita. Infilate il Cd nel lettore e godetevi la musica che vi piace ascoltare insieme. O quel pezzo *industrial* che voi amate tanto e che lei detesta. La musica è una potente fonte di ispirazione.

- Guardare le foto della vostra vita insieme. E non cominciate subito a immalinconirvi pensando a come eravate più snelle tre anni fa o peggio a come lo era lui. Cercate spunti, ma non crogiolatevi nei ricordi del passato. Il tempo trascorso insieme serve a dare stabilità e forza al futuro, non a ridurvi a malinconiche nostalgie canaglie.
- Andare davanti allo specchio a fare delle facce. Non serve a nulla per scrivere? Effettivamente è vero, ma se proprio non riuscite a spremervi nulla e tra un'ora lui rientra per festeggiare insieme il primo anniversario di matrimonio, staccare un momento dal foglio bianco può aiutarvi ad allentare la tensione e a far girare meglio le rotelle.
- Indossare la cosa più bella che vi ha regalato. Sentirvi bene con voi stessi e pensare a quanto il partner contribuisca a questo stato d'animo può essere di grande aiuto. Evitate se il dono era una tuta da sub.
- Leggere. Leggere in generale è sempre utile per migliorare la vita, ma in questo caso in particolare può essere efficace per stimolare la vostra personale produzione letteraria. Si sa che tutti gli scrittori sono stati prima accaniti lettori.

E se proprio non vi viene nulla... non scrivete nulla. Le cose fatte per forza si riconoscono comunque, e non hanno valore. Meglio lasciar perdere allora. Certo, solo dopo averci provato sinceramente. Un bel biglietto bianco, con un bacio stampato dalle vostre labbra, o accompagnato da un abbraccio stretto stretto, possono valere uguale. E ricordatevi di mettere data e firma!

QUALCHE SUGGERIMENTO

Le modalità pratiche da seguire per scrivere un biglietto non vanno trascurate. Oltre al contenuto, infatti, anche altri piccoli particolari possono rendere più o meno piacevole la lettura e trasmettono la cura e l'attenzione di chi scrive. Occhio dunque alla scelta degli strumenti: anch'essi hanno un significato e soprattutto una resa differente.

Punto uno: la scrittura

Spesso gli uomini hanno una brutta calligrafia. La frase può risultare un po' stentorea, ma è abbastanza obiettiva. A parte le eccezioni d'obbligo, i maschietti tendono generalmente a stilare scritti dalla grafia poco intelleggibile, come dire... la classica "zampa di gallina". La donna ama arrotondare i simboli grafici rendendoli così generalmente di più immediata lettura, lui è più frettoloso e abbozzato nel tracciare segni con la penna. Nonostante ciò, l'uso del computer per stampare messaggi è da deprecare. Meglio fare un piccolo sforzo di lettura che trovarsi di fronte a un'impersonale appunto dalla grafica perfetta e dalla totale mancanza di anima. Meglio ancora, fare uno sforzo di scrittura e cercare di ricordare le regoline imparate alle elementari su come muovere la mano sul foglio. Se siete medici, lo sforzo raddoppia, ma anche l'apprezzamento per la bella grafia. Di contro, alle donne, soprattutto a quelle più giovani, è consigliabile non eccedere in rotondità e pallini. Pur senza rinunciare a ciò che siete, troppe grazie rendono complicata la lettura e sviano dall'oggetto principale del messaggio, le parole.

Punto due: la penna

Senza troppe leziosaggini, probabilmente la **penna a sfera** (ovvero la prima che vi capita a tiro) è lo strumento più comodo per scrivere. Evitare invece la **matita**, che fa sembrare tanto transitorio il sentimento che state descrivendo. La **penna stilografica**, di contro, regala una connotazione raffinata ed elegante al vostro messaggio. Meglio utilizzare in questo caso allora un biglietto o una carta da lettera rigorosamente bianca, liscia oppure leggermente ruvida. Se vi state improvvisando utilizzatori di stilografiche, ricordate che l'inchiostro ha bisogno di qualche minuto per asciugare. Potreste sempre cercare di far passare le sbavature per un voluto effetto originale, ma non è facile che se la bevano. I **pennarelli** sono adatti a una comunicazione allegra e vivace, particolarmente informale. Usarne di diversi colori può essere un simpatico espediente per animare uno scritto poco ispirato. Infine i **pennelli**: di difficile utilizzo, sono consigliabili solo in caso di ampie superfici e grande abilità.

Punto tre: la carta

Se non siete particolarmente sicuri del vostro stile grafico, probabilmente scegliere un supporto semplice come la **carta liscia** è l'ideale: la mano scorre con facilità e il segno riserva poche sorprese, qualunque sia lo strumento utilizzato. Le parole risultano nette e precise, senza sbavature o condizionamenti. Il risultato è quindi sempre pulito e ordinato. L'unica pecca è che forse il tutto risulta un po' formale, soprattutto se usate una penna a punta sottile. Più difficile da gestire ma anche più divertente, la **carta ruvida**. Se la grafia rimane meno omogenea, è anche vero che potrebbe essere un modo per mascherare discontinuità naturali dell'autore. Utilizzare su questo tipo di carta matite colorate grasse, pennarelli o pastelli può generare effetti straordinari. La **carta assorbente** è una scelta molto particolare. A seconda della porosità e della penna utilizzata, i risultati cambiano molto. Se non siete degli appassionati di Art Attack forse non è l'ideale. A meno di provare, provare, provare, provare... Infine la **carta riciclata** e quella con i fiori pressati. Generalmente sono fatte di pasta ruvida, di colori melangiati. Sono quindi una soluzione molto creativa, oltreché decisamente verde, che richiede solo un po' di attenzione nella conduzione della scrittura. Ma volete mettere scrivere a una rosa su petali di rosa...

Punto quattro: la forma

Non stiamo parlando esattamente di come creare bigliettini con le vostre mani (ma c'è anche questo nel vostro adorato manuale, cercate qualche paragrafo più in là). Si tratta di semplici e immediati accorgimenti che possono rendere il vostro omaggio verbale qualcosa di originale o simpatico.

Ritagliare da un cartoncino bianco non troppo spesso una nuvoletta per realizzare un **fumetto** può essere un'idea scherzosa, a patto che troviate il modo di consegnarlo in stile con la scelta: presentandovi con il fumetto che vi esce dalla bocca (sempre che in giro non ci siano altre persone, onde rischiare l'internamento), o applicandolo a una vostra fotografia, oppure incollandolo sullo specchio del bagno all'altezza del partner.

Scrivere in bianco su un **cartoncino nero** è un altro modo di realizzare rapidamente un biglietto diverso dal solito. Visto però che la lettura in negativo è un po' più difficile del contrario, meglio evitare in caso amiate una persona particolarmente miope.

Piegare il foglio a striscioline per il verso del lato lungo in modo da ottenere una **fisarmonica** vi permette poi di scrivere per verticale su ogni piega rendendo la lettura una piccola, affascinante scoperta.

Se poi siete degli artisti dell'**origami**, potete sbizzarrirvi nel costruire le forme più stravaganti con la pagina su cui avete scritto, che poi il vostro amato bene dovrà riuscire a smontare per leggere il messaggio. Se non sapete nemmeno da che parte cominciare per maneggiare il foglio in modo da far risultare uno splendido gabbiano in volo e riuscite solo nella più tradizionale delle barchette, va bene lo stesso. Come si suol dire, è il pensiero che conta.

Punto cinque: il colore

Come abbiamo accennato prima, un messaggio scritto su carte e cartoncini colorati e/o penne o pennarelli di vari colori può essere un'idea carina. Badate però: ogni colore ha un significato particolare. Se dunque risulta (speriamo!) inutile suggerirvi di non bordare il vostro biglietto con una bella cornice **nera** – a meno che non siate fidanzati con Mercoledì Addams o suo cugino It – e che **rosa** e **azzurro** sono tendenzialmente colori legati alla nascita di un bebè (volete farlo collassare?), è una buona idea conoscere cosa rappresentino anche gli altri colori dell'arcobaleno.

Il **bianco** è il colore della luce, della purezza; ma è anche il colore dell'eleganza e della sobrietà. Sempre in caso di fidanzamento con un abitante del Giappone, ricordate che da quelle parti il bianco viene considerato il colore del lutto.

Il **giallo** viene tendenzialmente abbinato alla curiosità, all'intelligenza, e per queste sue qualità è amato dai bambini e dalle persone speculative.

Il **rosso** è il colore della passione per eccellenza: sappiate che usarlo significa dunque mandare un messaggio piuttosto esplicito.

L'**arancione** è un colore caldo, dunque anch'esso legato alla passione, anche se più informale e affettuosa.

Il **verde** è il colore della natura, dell'intelligenza applicata, della riuscita nella vita professionale e nel lavoro. E della speranza, ovviamente: potrebbe suonare ironico se lo usate per un messaggio di addio!

Il **blu** è il colore della pace, della casa, della famiglia. Ma anche della tristezza e della malinconia. Attenzione alle sfumature.

Il **viola** è il colore della magia, dei sognatori. Non usatelo se lui è juventino.

Infine **oro** e **argento**: hanno un sapore natalizio, fuori da questo tempo richiamano invece alla mente gli anniversari di lunga data... fate voi!

Punto sei: la fantasia

Se amate gli intrighi e le passioni cavalleresche o più prosaicamente avete una relazione illegale, potete scrivere un messaggio segreto. Sostituite il normale inchiostro con succo di limone. Il messaggio apparirà solo se riscaldato con la fiamma di una candela o un ferro da stiro non troppo caldo. Meglio se però scrivete sul foglio qualcosa di generico in modo da non lasciarlo bianco:

potrebbe insospettire. L'alfabeto morse (linea, punto, linea) è un'altra soluzione, anche se un po' sfruttata. Per i messaggi in codice o per gli innamorati appassionati di Bartezzaghi, inviate messaggi anagrammati oppure nascosti in **rebus** spiritosi; tagliando in diversi pezzi il foglio regalerete un **puzzle** oltre al biglietto. Una **stellina** fosforescente adesiva di quelle che avete attaccato sul soffitto di camera potrà decorare rapidamente un biglietto romantico. Infine scrivere su un supporto non tradizionale, come un pezzo di corteccia (il famoso metodo "Sette spose per sette fratelli") su un fazzoletto, su un vetro (evitate quelli di casa, le signore potrebbero indispettirsi nonostante le dichiarazioni d'amore in esso contenute) possono stupire piacevolmente.

Bigliettini: come confezionarli

Vi piace maneggiare con colori, forbici, cartoncini e colla? Siete un disastro nel fai-da-te ma siete preda di un'ispirazione birbona e sentite che la farete felice con un bigliettino fatto da voi? In entrambi i casi, vogliamo aiutarvi. Di seguito vi proponiamo alcune idee per bigliettini d'auguri, con una scelta sufficientemente ampia da – speriamo –

riuscire ad accontentare i più romantici così come chi preferisce cose semplici e coloratissime. Ci raccomandiamo sempre, se non siete già pratici di questo tipo di attività, le forbicine con la punta arrotondata. È vero che, se siete uomini, un ditone fasciato potrebbe scatenare la crocerossina che c'è – e c'è sempre, da qualche parte – in lei, ma forse è meglio arrivare tutti interi, falangi comprese, a consegnarle il vostro grandioso capolavoro.

Materiali e strumenti

Il supporto base è naturalmente il cartoncino. Ce ne sono di vari tipi: ecco di seguito un elenco dei più popolari e utilizzati.

Cartoncino tipo **Bristol**: prende il nome dall'omonima città inglese nella quale fu prodotto per la prima volta. Si ottiene incollando tra di loro diversi strati di carta velina. La gamma dei colori è molto ampia ed è disponibile in due formati: 50x70 cm e 70x100 cm.

Carte per **origami** e **veline**: sono carte particolarmente leggere e dai colori tenui. Carte per **découpage**: sono carte di buona qualità, hanno motivi ben delineati e perciò si possono ritagliare e incollare facilmente. In realtà qualsiasi tipo di carta può essere utilizzata per realizzare un *découpage*, anche se va detto che il risultato cambia a seconda della qualità del materiale impiegato.

La carta tipo **Varese**, che serve per rivestire l'interno dei mobili, si incolla con facilità. Solitamente ha piccoli disegni geometrici, floreali, arabeschi, fogliame.

Cartoncino **ondulato**: esiste in vari colori e con impronte diverse; le dimensioni del foglio sono solitamente di 50x70 cm.

Carte **marmorizzate**: sono carte preziose perché fatte a mano, ma si trovano anche stampate con riproduzioni artistiche. Alcuni disegni molto elaborati imitano le piume del pavone e sono detti appunto "pavonati".

Suggeriamo di utilizzare generalmente cartoncino di un peso che va dai 200 ai 300 grammi (non presentatevi in cartoleria con la bilancina, basta che chiediate al commesso, lui sa). Utile anche avere stoffe di vario genere, pizzi e merletti, nastri e fiori secchi, lustrini colorati, carta metallizzata e vari tipi di bottoni, che possono essere utilizzati a piacimento per le decorazioni.

Riguardo agli arnesi, procuratevi una riga di metallo, due squadre da disegno e un paio di forbici affilate – ma dalla punta arrotondata, come dicevamo – adatte per tagliare carta, cartoncino e stoffa; un po' di colla e infine meglio avere anche un pericolosissimo ma utile taglierino. Attenti al tavolo di sotto quando usate colla e taglierino! Proteggetelo in qualche modo. Un piccolo consiglio da "nonna Papera" dei biglietti fatti in casa: ricordate che per tagliare correttamente con il *cutter* dovete tenerlo in posizione quasi orizzontale.

Tecniche

Esistono innumerevoli metodi per confezionare un bigliettino d'auguri. Ne abbiamo selezionate tre scegliendo tra le più belle: il *découpage*, il *pop up*, il *collage*.

Il **découpage** è una tecnica per decorare con ritagli di carta, stoffa o metallo, scatole, candele, cornici, vasi in coccio, piatti o vassoi in ceramica, ventagli, cartelline, secchi in alluminio, bauli, seggiole, portavasi, borse.

La parola, dal verbo francese *découper*, significa "ritagliare", la tecnica nacque in Cina, dove tutt'oggi le figure ritagliate sono utilizzate per aiutare i bambini a leggere, scrivere e far di conto, ma anche come contrassegni, cartoncini augurali, decorazioni per le feste. Il *découpage* ha avuto il suo momento di maggior gloria nell'Inghilterra vittoriana, da qui il sapore un po' romantico e *rétro* di questa tecnica. Consiste fondamentalmente nel ritagliare decorazioni di carta e poi combinarle tra loro, incollandole in modo che la superficie risulti liscia e che non si notino i diversi strati o le aggiunte rispetto alla base.

Il pop up ha origine già nel XII secolo, nei libri, ma la sua diffusione è solo nella seconda metà del Novecento. Dall'inglese "sbucar fuori", il *pop up* ben costruito riesce grazie all'equilibrio del modo in cui tutte le parti che compongono l'insieme (le parti piene, i vuoti, le linee) sono in stretto rapporto tra loro. Come per l'origami, ogni modello introduce una nuova variante alle tecniche fondamentali. Si possono ottenere dei *pop up* realizzati a partire da un unico foglio di cartoncino ritagliato e piegato, secondo uno schema di costruzione molto preciso e complesso.

Il **collage** è un'interessante tecnica creativa che permette di realizzare composizioni con ritagli di carta o di altri materiali incollandoli fra loro. Il tipo di colla più indicato per eseguire il *collage* è quello spray, poiché permette di stendere un velo uniforme su tutta la superficie interessata. I piccoli elementi possono essere fissati con la colla stick. Potete utilizzare carta lucida, opaca, sottile, spessa, liscia, crespata, trasparente, semitrasparente, colorata o bianca. Con la carta delle riviste si realizzano delle composizioni originali con varie gradazioni di colore. Se invece desiderate creare una composizione con effetti di contrasto, usate la carta dei quotidiani.

Si possono adoperare anche la stoffa, il polistirolo, lo spago, i fili di lana e i fiori secchi.

Esempio pratico

Ecco dunque un utile spunto per realizzare un biglietto per il vostro beneamato/a. Potrete consegnare questo biglietto a San Valentino, ma perché no? Anche in altre occasioni.

Bigliettino per San Valentino

■ Per preparare questi biglietti occorrono: ritagli di carta riciclata in varie colorazioni, colla, forbici con la lama sagomata per imitare la tipica sfrangiatura della carta fatta a mano, riga, foglio di carta bianco, tela di sacco.

■ Con le forbici sagomate ritagliate la carta riciclata in semplici forme: cerchi, fiori, cuori, quadrati, rombi, foglie.

■ Con l'aiuto di una riga strappate la carta bianca per ottenere un cartoncino di 11x17 cm. Il taglio con la riga produce dei bordi irregolari adatti a questa confezione.

■ Incollate le sagome di fiori, foglie ecc.; formate gli eventuali steli con alcuni fili di tela di sacco, o con dello spago morbido, tagliando le parti eccedenti.

Bigliettini per ogni occasione

Come abbiamo visto, ci sono alcune occasioni nella vita di coppia in cui un biglietto capace di esprimere amore e tenerezza (nei limiti della disponibilità di ognuno) è indispensabile. Non si può festeggiare l'anniversario senza una parola dolce! Il vostro manuale preferito vi propone alcuni modelli di frasi che potrete usare come spunto. I più scarsi possono anche copiarle, ma pensate che figura se la vostra metà dovesse scoprire queste pagine, prima o poi...

San Valentino

Ti ho atteso per tutta la vita... Ora datti da fare!

Quando ho letto la massima: «Tieni il meglio per te e, se proprio non puoi farne a meno, lascia il resto agli altri», ho capito perché ti ho sposata.

Buona giornata, amore. Ricordati dell'appuntamento con il dentista, di portare fuori la spazzatura e di darmi un bacio quando esci.

È stata una giornata dura. Fa' che sia una serata indimenticabile!

Da quando ci siamo sposati ho avuto un solo rimpianto: non averlo fatto prima.

Grazie del sorriso che hai fin da quando ti ho conosciuto (giorno più, giorno meno).

Compleanno

Per te gli anni in realtà non passano. L'unica cosa che cambia è il mio amore per te, sempre più grande.

Ho nascosto un regalo in uno dei tuoi cassetti. Mentre lo cerchi perché non metti in ordine calzini e mutande?

Non è giusto, come fai? Perché invecchio solo io mentre tu sei sempre splendida?

Per quest'anno niente regali qualunque. Scartami!

Anniversario

Un anno (due, tre...) di felicità, di cui imparo ogni giorno a esserti più grato e riconoscente.

È passato un anno (due, tre...) e mi sembra di essere ancora in luna di miele. Come ci riesci?

Nozze di carta (primo anno)

Sulle pagine di questo primo anno "di carta" ho scritto tutto il nostro amore e la nostra felicità.

Un anno "di carta" vissuto con te. È stata la partita più bella che io abbia mai giocato.

Nozze di cotone (secondo anno)

Del "cotone" questo nostro secondo anno di matrimonio ha espresso la freschezza, la genuinità, la naturalezza dell'amore del primo giorno.

Grazie per questo anniversario "di cotone", tesoro. In un mondo pieno di cose "sintetiche" il nostro matrimonio mi preserva dalle allergie.

Nozze di cuoio (terzo anno)

Tre anni, e il nostro amore si è fatto più tenace e resistente, come il "cuoio" di questo anniversario.

Alla "testolina di cuoio" più audace e intelligente che io conosca. E alla sua pazienza, al suo coraggio, alla sua costanza, alla sua dolcezza...

Nozze di stagno (decimo anno)

Come lo stagno siamo riusciti a essere malleabili, a non irrigidirci. Ma il merito più grande di questi meravigliosi dieci anni passati insieme va a te.

Lo stagno veniva usato per rivestire le pentole di rame consumate. Noi non ne abbiamo bisogno!

Nozze di porcellana (15 anni)

Sempre più prezioso, il nostro amore, come la porcellana cui la tradizione affida il compito di essere il simbolo di una felicità coniugale che dura da quindici anni.

Siamo riusciti a crescere con il nostro rapporto. E più lui diventa bello, più tu diventi bella (o più tu diventi bella, più lui diventa bello?).

Nozze d'argento (25 anni)

Venticinque anni con te sono passati in un soffio. I prossimi venticinque li vorrei far durare un po' di più!

Nascita di un figlio

Grazie tesoro, e non dimenticarti del tuo piccolo xxxxx (mettere il proprio nome).

Grazie, amore di avermi regalato il futuro.

Tesoro, possa il nostro cucciolo restare per sempre l'immagine più vera, bella e concreta del nostro amore.

Il fiore più bello me l'hai regalato tu: la nostra bambina.

È bellissima la nostra piccola: hai fatto un capolavoro. Solo da un tesoro come te poteva nascere una perla come lei.

Frasi d'amore e grandi classici

Sentire un'emozione e riferirla alla persona amata, conservandone intatti il brivido e lo slancio, è un passaggio complesso. A volte non è nemmeno fondamentale: quante parole meravigliose sono state dette da scrittori e poeti, capaci di riassumere perfettamente il nostro stato d'animo. Impossibile riuscire a dirle meglio. Se dunque non vi sentite dei novelli Leopardi ma volete regalare alla vostra amata (o al vostro amato. Chi dice che la poesia sia destinata solo a un pubblico femminile?) le parole più belle che siano state scritte nei secoli, vi proponiamo una scelta di riflessioni sul tema. E non imbarazzatevi nel trascrivere qualcosa di molto romantico o addirittura un po' melenso: le parole dei grandi non sono criticabili. Tirate fuori la tenerezza che c'è in voi e dedicate a chi amate le più belle parole mai scritte. Un piccolo consiglio. Se riuscite, meglio concludere il messaggio che contiene la citazione con una breve frase scritta da voi. È un modo di personalizzare la dedica e sull'abbrivo delle parole di un grande della letteratura forse risulterà più facile anche per voi concedervi qualche parola dolce senza troppi timori o remore.

Dolci

L'amore non dà nulla se non se stesso, non coglie nulla se non da se stesso. L'amore non possiede né è posseduto: l'amore basta all'amore (*Kahlil Gibran*).

Fra i rumori della folla ce ne stiamo noi due felici di essere insieme, parlando poco, forse nemmeno una parola (*Walt Whitman*).

Prenditi cura di me con quella nobile tenerezza che solo in te ho trovato (*Mary Wollstonecraft*).

La gentilezza delle parole crea fiducia.
La gentilezza di pensieri crea profondità.
La gentilezza nel donare crea amore (*Lao-Tzu*).

Sono nato non per partecipare all'odio ma per partecipare all'amore (*Sofocle*).

Aspetto te come la chiave che apre la prigione
Credo in te come il sole che sorge domani

Amo te come la primavera che porta la vita
Vivo per te come un fiume che scorre al mare (*FranTarel*).

Lascia che ti ami a modo mio, secondo il mio essere, coi segni originali che conosci. Non forzarmi mai, farò tutto (*Gustave Flaubert*).

Temere l'amore è temere la vita, e chi teme la vita è già morto per tre quarti (*Bertrand Russel*).

Tutto ciò che amo perde metà del suo piacere se tu non sei lì a dividerlo con me (*Manuel Ortega*).

Questo amore così vero, questo amore così bello, così felice, così gaio e così beffardo, tremante di paura come un bambino al buio (*Jacques Prevèrt*).

Dio ci ha concesso una sola via alla vita, ed è l'amore; una sola via alla felicità, ed è l'amore; una sola via alla perfezione, ed è ancora una volta l'amore (*Igino Ugo Tarchetti*).

Galanti

Solo una volta sono nato. Solo una volta potrò morire. Solo una volta mi sono innamorato. Per sempre con te (*Fran Tarel*).

Di quale ardore brucia un bacio in mezzo al gelo (*Aleksandr Puskin*).

Mio dolce amore non t' hanno detto? Non lo sai tu? Io non son viva che nel tuo cuore (*Giovanni Pascoli*).

Non c'era bisogno di sguardi, di parole, di gesti, di contatti: solamente il puro stare insieme (*Johann Wolfgang Goethe*).

Amare è mettere la nostra felicità nella felicità di un altro (*Gottifried von Leibnitz*).

Ma tu chi sei che avanzando nel buio della notte inciampi nei miei più segreti pensieri? (*William Shakespeare*).

Per quanto possa essere completa, l'unione di due anime lascia differenze che rendono piacevole la conversazione (*Georg Christoph Lichtenberg*).

Vederti, udirti e non amarti... umana cosa non è (*Silvio Pellico*).

La felicità non sta nell'essere amati: questa è soltanto una soddisfazione di vanità mista a disgusto. La felicità è nell'amare (*Thomas Mann*).

La suprema felicità della vita è il sapere di essere amati per quello che si è, o meglio, di essere amati a dispetto di quello che si è (*Victor Hugo*).

Possessive

Se vuoi parlare con me, dimentica gli amori vecchi; un viso male si guarda in una volta in molti specchi (*Anonimo*).

Talvolta non capisco come mai un altro possa, e osi

aver diritto di amarla, mentre io solo l'amo così profondamente, così totalmente, e nulla conosco, né so, né posseggo, all'infuori di lei (*Johann Wolfgang Goethe*).

L'amore è forte come la morte, la gelosia dura come l'inferno (*Bibbia*).

L'amore, dopo i litigi e le scenate di gelosia, quando ci si riconcilia con l'amato è più dolce e più vivo (*Plutarco*).

Astronomiche

Tu guardi le stelle, stella mia. Potessi io diventare il cielo per guardarti con occhi infiniti (*Platone*).

Il sole abbraccia la terra e i raggi di luna baciano il mare. Ma a che vale tutto questo baciare se tu non baci me? (*Percy B. Shelley*).

Non fuggire! Fidati! Conoscimi! Hai prosciugato le

paludi dell'anima mia, e adesso sei nelle nubi e nell'aria. La tua vittoria sarà assoluta (*Paul Klee*).

Mi coricai tra le nuvole, mi appoggiai alle stelle, abbracciai una di esse, credendola il tuo viso (*Francesco Giordano*).

Ho incontrato per la via un giovane poverissimo che era innamorato: aveva un vecchio cappello, la giacca logora, l'acqua gli passava attraverso le suole delle scarpe e le stelle attraverso l'anima (*Victor Hugo*).

Dubita che le stelle siano fuoco; / dubita che il sole si muova; / dubita che la verità sia mentitrice; / ma non dubitare mai del mio amore (*William Shakespeare*).

Vi sono innamorati che guardano nell'amore come nel sole, e divengono semplicemente ciechi; mentre ve ne sono altri che con stupore scoprono per la prima volta la vita quando l'amore la illumina (*Robert Musil*).

Io sarò la nube e tu la luna. Ti coprirò con entrambe le mani, e il nostro tetto sarà il cielo (*Rabindranath Tagore*).

Geografiche

Nel primo bacio d'amore rivive il paradiso terrestre (*George Byron*).

Sei tu stessa a riflettermi, io mi vedo così poco. Senza di te non vedo che un deserto (*Paul Eluard*).

Quando io ti amo e tu mi ami, siamo l'uno come lo specchio dell'altro, e riflettendoci l'uno nello specchio dell'altro, vediamo l'infinito (*Leo Buscaglia*).

Tu sei per me la porta del Paradiso. Per te rinuncerei alla fama, al genio, a ogni cosa (*Fryderyk Chopin*).

L'amore non conosce stagione, non clima né ore, giorni, mesi, che sono i brandelli del tempo (*John Donne*).

Il miglior paradiso è un orto ben irrigato dove un uomo e una donna lavorano insieme e si abbandonano l'uno all'altra senza possesso né possessore (*Antonio Muñoz Molina*).

Giocose

Vi amo, volete sposarmi? Se rispondete di sì non mi rivedrete mai più (*Groucho Marx*).

Raramente le donne sono amate come vorrebbero: cioè da un Dio onnipotente che dia loro tutto e non domandi nulla
(*Henri François Joseph de Régnier*).

Nelle donne tutto pepe la pigrizia è un presagio d'amore (*Jean de la Bruyère*).

Le cose divertenti son divertenti. Ma più divertenti quando le divido con te (*Brown*).

In amore solo gli inizi hanno fascino. Non mi sorprende

che si provi piacere a ricominciare spesso.
(*Francesco D. Guerrazzi*).

Ragionieristiche

I baci sono le monete spicciole dell'amore (*Thaddeusz*).

Vuoi sapere quanto è grande il mio amore? Conta le onde (*Anonimo giapponese*).

Il vero amore non ha mai conosciuto misura (*Properzio*).

Per ottenere il pieno valore della gioia dobbiamo avere qualcuno con cui dividerla (*Mark Twain*).

Godiamoci la vita, e l'amore,
e dei vecchi che brontolan sempre
non teniamo più conto di un soldo (*Catullo*).

Amare non vuol dire impossessarsi di un altro per arricchire se stesso, bensì donarsi a un altro per arricchirlo (*Michel Quoist*).

La ricchezza del mio cuore è infinita come il mare, così profondo il mio amore: più te ne do, più ne ho, perché entrambi sono infiniti (*William Shakespeare*).

L'amore lo si riconosce dal dono. E poiché ogni dono proviene dall'amore, il primo tra tutti i doni è l'amore (*Ildefonso Schuster*).

L'amore è la decisione di accettare un altro nella totalità, indipendentemente dai suoi aspetti particolari (*Otto Flake*).

L'amore che nasce di colpo è il più lungo a guarire *Jean de la Bruyère*).

Il cuore è una ricchezza che non si vende e non si compra, ma si regala (*Gustave Flaubert*).

Matrimoniali

Io non ho nulla, mia cara, da offrirti, ma il nulla parla talvolta come parla il silenzio... Niente più desidero che di passare molti di questi giorni lieti e sereni al tuo fianco...
(*Federico Confalonieri*).

Amarsi non significa guardarsi l'un l'altro, ma guardare insieme nella stessa direzione
(*Antoine de Saint-Exupéry*).

Ti amo per l'inverno, perché lievita la vita,
ti amo per la primavera perché sgorga la vita,
ti amo per l'estate perché esplode la vita,
ti amo per l'autunno perché si spenge la vita.
Ti amo per la vita perché non sei per una stagione
(*Fran Tarel*).

Una coppia non è un uomo più una donna: è una terza persona che formano insieme
(*Françoise Giroud*).

Noialtri italiani ci innamoriamo in chiesa (*Francesco D. Guerrazzi*).

Amare qualcuno significa desiderare di invecchiare accanto a lui (*Albert Camus*).

Amare significa scrollarsi di dosso reciprocamente l'ultima solitudine (*Zenta Maurina Raudive*).

I piaceri sensuali passano e svaniscono in un batter d'occhio, ma l'amicizia tra noi, la reciproca confidenza, le delizie del cuore, l'incantesimo dell'anima, queste cose non periscono e non possono essere distrutte. Ti amerò fino alla morte (*François Marie Voltaire*).

Distanti

Io so soltanto che preferirei parlare con te, ma siccome sono costretto a scrivere perché sei distante un milione di chilometri... allora devo scrivere qualunque cosa, qualunque cosa o tutto, così come viene (*Dylan Thomas*).

Buonanotte, buonanotte! Separarsi è un sì dolce dolore, che dirò buonanotte finché non sarà mattino (*William Shakespeare*).

La distanza è il vero nemico degli innamorati, ma è anche la cosa che più delle altre, ci fa capire quanto amiamo (*Riccardo Brandtner*).

Nessuna barriera può resistere all'amore.
L'amore osa tutto quello che può (*William Shakespeare*).

Se non dovessimo più incontrarci nelle nostre vite, sentirei che in qualche modo l'intera avventura della mia esistenza sarebbe giustificata dall'aver incontrato te (*Lewis Mumford*).

Libertarie

Il bello è insegnare a volare a un passerotto perché nella sua libertà è già implicita la tua rinuncia (*Arturo Pèrez Reverte*).

Con un filo d'oro la vorrei legare a me.
Poi, come prova d'amore,
la vorrei per sempre liberare (*Jean M. Lamarque*).

Lo stare insieme è nello stesso tempo per noi essere liberi come nella solitudine, essere contenti come in compagnia (*Emily Brontë*).

Tu non mi metti catene. Questo mi tiene legato a te (*Anonimo*).

Se pur sia bello l'amore che è implorato, assai più bello è quell'amore che si concede di sua propria volontà (*William Shakespeare*).

Silenziose

Il linguaggio dell'amore è un linguaggio segreto e la sua espressione più alta è un abbraccio silenzioso
(*Robert Musil*).

Lo sguardo non si legge, il bacio non si scrive, l'amore non si vede... ed io ti penso sempre (*Fran Tarel*).

Un vero amore non sa parlare (*William Shakespeare*).

Chi ama assai, poco favella (*Luigi Pulci*).

A chi più amiamo, meno dir sappiamo (*Proverbio inglese*).

Abbiamo parlato a lungo dell'amore. Ora proviamo ad ascoltarlo, vuoi? (*Anonimo*).

Consolatorie

Degli immensi misteri del tempo e dello spazio io sento le tue braccia intorno alle mie spalle e non ho paura (*Brown*).

Il tuo amore è consolazione nella tristezza, tranquillità nel tumulto, riposo nella stanchezza, speranza nella disperazione (*Garretty*).

Il tocco della tua mano che passa, così lieve, così rapido che nessun altro sospetta quanto possa essere rassicurante - quel tocco mi è di sostegno nei giorni più duri (*Garretty*).

Preferirei affrontare il fallimento con te al mio fianco che il successo con chiunque altro (*Hugo de Vries*).

Amare significa correre il rischio più grande di tutti.
Significa mettere il proprio futuro e la propria felicità nelle mani di un altro. Significa consentire a se stessi di fidarsi senza riserve. Significa accettare la vulnerabilità. Ed è per questo che io ti amo (*James Thomson*).

Una parola ci libera di tutto il peso e il dolore della vita: quella parola è amore (*Sofocle*).

Fuori di senno

È assurdo dice la ragione
È quel che è dice l'amore
È infelicità dice il calcolo
Non è altro che dolore dice la paura
È vano dice il giudizio
È quel che è dice l'amore
È ridicolo dice l'orgoglio
È avventato dice la prudenza
È impossibile dice l'esperienza
È quel che è dice l'amore
(*Erich Fried*).

Se non ricordi che Amore t'abbia mai fatto commettere la più piccola follia, allora non hai amato (*William Shakespeare*).

È meglio aver amato e perduto che non aver mai amato (*Samuel Butler*).

L'amore è l'occasione unica di maturare, di prender

forma, di diventare in se stessi un mondo (*Rainer M. Rilke*).

A doppio senso

Scuote l'anima mia Eros,
come vento sul monte che irrompe entro le querce;
e scioglie le membra e le agita, dolce amaro indomabile serpente (*Saffo*).

Il nostro amore è come la pioggerella d'autunno che cade piano, ma fa straripare i fiumi (*Proverbio africano*).

Un amore in technicolor

Anche il cinema offre ottimi spunti per regalare qualche parola romantica a chi vi sta accanto. Il fascino di pellicole immortali come *Casablanca* o di classici del cuore come *Harry ti presento Sally* è irresistibile. Quale donna non ha desiderato prendere il posto di Andie MacDowell in *Quattro matrimoni e un funerale* per sentirsi dire quelle impacciate frasi romantiche (da un paio di occhioni celesti come quelli di Hugh Grant)? Quale uomo non ha sognato di dire parole d'amore efficaci e tenere come quelle del giovane protagonista di *Moulin Rouge* (soprattutto a quella "bella toma" di Nicole Kidman)? Servitevi dunque a buffet: di seguito trovate alcune citazioni celebri a cui attingere a piene mani. Per svegliare la vostra vena teatrale.

Sei il tempo migliore che ho vissuto
(*All'inseguimento della pietra verde*).

Se tutto è imperfetto in questo perfetto mondo, l'amore invece è perfetto nella sua assoluta e squisita imperfezione (*Il settimo sigillo*).

Mentre il mondo crolla, scegliamo proprio questo momento per innamorarci (*Casablanca*).

Se vuoi il ponte di Brooklyn, non hai che da chiederlo. Se non lo vendono, non ti preoccupare: lo rubo
(*I ruggenti anni venti*).

Sei fatta per l'amore e soltanto l'amore dovresti fare
(*Lady lou la donna fatale*).

Sarebbe stato bello incontrarti prima
(*Il Dottor Zivago*).

Io ti amo: secondo me tu sei la più bella invenzione dopo i profiteroles, e credo che mi verranno le convulsioni se non potessi avere quel primo bacio
(*La leggenda del re pescatore*).

Il tuo cuore è libero, abbi il coraggio di seguirlo!
(*Braveheart*)

Se ami una persona, lasciala andare. Se torna da te è tua per sempre, se non lo fa non è mai stata tua (*Proposta indecente*).

Cogli la rosa quando è il momento che il tempo lo sai che vola... e lo stesso fiore che oggi sboccia domani appassirà (*L'attimo fuggente*).

Se le persone che amiamo ci vengono portate via perché continuino a vivere non dobbiamo mai smetterle di amare. Le case bruciano, le persone muoiono, ma il vero amore è per sempre (*Il corvo*).

Adoro il fatto che tu abbia freddo quando fuori ci sono 25 gradi; adoro il fatto che ci metti un'ora e mezzo per ordinare un panino; adoro la piccola ruga che ti si forma sul naso quando mi guardi come se fossi matto; adoro il fatto che dopo aver passato una giornata con te, possa ancora sentire il tuo profumo sui miei vestiti; e adoro il fatto che tu sia l'ultima persona con la quale voglio parlare prima di addormentarmi la notte. Non è che mi senta solo, e non c'entra il fatto che sia Capodanno; sono venuto qui stasera perché quando ti rendi conto che vuoi passare il resto della tua vita con una persona, vuoi che il resto della tua vita inizi il prima possibile (*Harry ti presento Sally*).

Chi mi ama, mi segua (*Giovanna D'Arco*).

Quanto sarebbe quieta la vita senza l'amore: tanto sicura, tanto calma, tanto noiosa...
(*Il nome della rosa*).

Amare è soffrire. Se non si vuol soffrire non si deve amare. Però allora si soffre di non amare, pertanto amare è soffrire, non amare è soffrire e soffrire è soffrire. Essere felici è amare, allora essere felici è soffrire, ma soffrire ci rende infelici, pertanto per essere infelici si deve amare o amare e soffrire o soffrire per troppa felicità... io spero che tu stia prendendo appunti... (*Amore e Guerra*).

Ti fidi di me? (*Aladdin*).

Ho sempre sognato di incontrare una ragazza spigliata, gentile, dall'aspetto gradevole, che non mi trovasse repellente. Io le chiederei di sposarmi e vivremmo felici e contenti per tutta la vita. Tra i miei genitori è funzionato. Beh, a parte il divorzio e tutto il resto (*Quattro matrimoni e un funerale*).

Gli amici ti deludono, la gente normale no. Sì, gli amici non possono comportarsi così. Perché io mica divento amico del primo che incontro. Io decido di volere bene, scelgo. E quando scelgo, è per sempre (*Bianca*).

Ti prego, ti prego, non ci uccidere. Ti prego baby, lo sai che ti amo. Non avrei mai voluto lasciarti, non è stata colpa mia. Davvero, sono sincero. Quel giorno finì la benzina. Si bucò un pneumatico. Non avevo i soldi per il taxi! Il mio smoking non era arrivato in tempo dalla tintoria! Era venuto a trovarmi da lonta-

no un amico che non vedevo da anni! Qualcuno mi rubò la macchina! Ci fu un terremoto! Una tremenda inondazione! Un'invasione di cavallette!
(*The Blues Brothers*).

Se ti chiedessi sulle donne, probabilmente mi faresti un compendio delle tue preferenze. Ma non sai dirmi che cosa si prova a risvegliarsi accanto a una donna e sentirsi veramente felici. Se ti chiedessi dell'amore, probabilmente mi diresti un sonetto. Ma guardando una donna non sei mai stato del tutto vulnerabile (*Will Hunting*).

Baciami, baciami come se fosse l'ultima volta
(*Casablanca*).

L'amore, quando ci si mette, sa essere davvero bastardo (*Chiedimi se sono felice*).

La cosa più grande che tu possa imparare è amare e lasciarti amare (*Moulin Rouge*).

Tu sei come lo smog: puzzi, inquini, sporchi, ma poi alla fine uno si abitua e l'aria pulita gli dà ansia (*Ravanello pallido*).

Preferirei dividere una sola vita con te che affrontare da sola tutte le ere di questo mondo
(*Il Signore degli Anelli. La compagnia dell'anello*).

Un uomo riesce a fare pace con il sesso. Per una donna il sesso non esiste finché non ha fatto pace (*Storia di noi due*).

Gerry, io sono una donna. Noi non diciamo quello che vogliamo, ma ci riserviamo il diritto di romperci le palle se non l'otteniamo. È questo che ci rende così affascinanti, e un tantino pericolose
(*Sliding Doors*).

Ovunque andremo, qualsiasi cosa succederà, quando guarderò le stelle saprò che anche tu le starai guardando (*Moulin Rouge*)

Certo eravamo giovani, eravamo arroganti, eravamo ridicoli, eravamo eccessivi, eravamo avventati, ma avevamo ragione (*Come te nessuno mai*).

Mi sono innamorato di te la prima volta che ti ho visto... mi innamorerò di te tutte le volte che ti rivedrò! (*Smallville*).

Io non so cosa penserò dei miei 16 anni quando sarò come mio padre non so neanche cosa ci sarà dopo la morte ora mi sento come se non morirò mai e penso che l'amore conta più di tutto conta più della paura di innamorarsi più della paura di morire più della paura di essere omologati e della voglia di cambiare questo mondo (*Come te nessuno mai*).

Dobbiamo amarci di nascosto perché nessuno ci perdonerebbe il nostro amore (*La finestra di fronte*).

Io garantisco che ci saranno tempi duri, garantisco che prima o poi uno di noi o tutte e due vorremmo farla finita ma garantisco anche che se non ti chiedo di essere mio lo rimpiangerò per tutta la vita perché sento nel mio cuore che tu sei l'unico per me! (*Se scappi ti sposo*).

Sei come una notte di inverno, che arriva senza una stella (*Il signore degli anelli. Le 2 torri*).

Un momento può cambiare la storia... L'amore cambia la vita (*Pearl Harbour*).

Che tu voglia o no, quando fai l'amore con qualcuno il tuo corpo fa una promessa (*Vanilla Sky*).

Se l'amore è vero amore niente e nessuno può dividere due persone fatte per stare insieme (*Il corvo*).

Se c'è una cosa che schifo sono gli uomini: quelle bestie pelose, piene di mani... (*A qualcuno piace caldo*)

Amore international

Può essere un modo carino di scrivere un biglietto d'auguri, uno spunto per un regalo originale – una maglietta, un poster, una tovaglia con stampati i "ti amo" in tutte le lingue del mondo – comunque un modo per confermare il vostro amore infinito. Al punto che non basta tutto il mondo e non ci sono barriere linguistiche che vi possano impedire di dichiarararglielo. Se poi volete dirglieli tutti a voce...

ALBANESE
Te dua!

LATINO
Te amo!

AMERICANO
I love you!

LETTONE
Es tevi milu!

LITUANO
As tave myliu!

ARMENO
Kez ge sirem

BASCO
Maite zaitut!

MANDARINO
Wo ai ni!

BOSNIACO
Volim te!

NORVEGESE
Jeg elsker deg!

NEPALESE
Mo yagarcht ciù

BRASILIANO
Amo você!

OLANDESE
Ik hou van je!
BULGARO
Obicham te!
POLACCO
Kocham ciebie!
CATALANO
T'estimo!
PORTOGHESE
Eu te amo!
CECO
Miluji tev!
RUMENO
Te iubesc!
CROATO
Volim te!
RUSSO
Ya tyebya lyublyu!
DANESE
Jeg elsker dig!
SERBO
Volim te!
ESPERANTO
Mi amas vin!

SLOVACCO
Lubim ta!
ESQUIMESE
Asavakit
ESTONE
Mina armastan sind!
SLOVENO
Ljubim te!
FILIPPINO
Mahal kita!
SPAGNOLO
Te amo! Te quiero!
FINLANDESE
(Mä) rakastan sua!
SVEDESE
Jag älskar dig!
FRANCESE
Je t'aime!
SWAHILI
Nakupenda!
GALLESE
Rwy'n dy garu di!
TEDESCO
Ich liebe dich!

GIAPPONESE
Kimi o ai shiteru!
(a una donna)
Anata wo ai shiteiru
(a un uomo)

THAI
Phom rug khun
(lo dice l'uomo)
Chan rug khun
(lo dice la donna)

GRECO
S'agapò!

TURCO
Seni seviyorum!

UCRAINO
Ya tebe kokhayu!

INGLESE
I love you!

UNGHERESE
Szeretlek!

IRLANDESE
T'a gr'a agam dhuit!

YIDDISH
Kh'hob dikh lib!

ISLANDESE
Eg elska thig!

ZULU
Ngiyakuthanda

Ditelo con...
i fiori

I fiori

Il di lei regalo per eccellenza. Che si tratti di tradizione, costume o diversa sensibilità, questo tipo di omaggio incontra sempre il gradimento e la spiccata sensibilità dell'universo femminile. Gli uomini, invece, paiono a volte esserne intimoriti. Non solo nel riceverli, cosa a cui sono decisamente poco avvezzi, ma a volte anche nel regalarli. Quante donne si lamentano di tale mancanza da parte del proprio compagno? E accontentatele, no? Effettivamente un tempo l'invio di fiori era considerato una dimostrazione di interesse impegnativa, ma ora che i padri sembrano preoccuparsi di meno di sistemare le proprie figliole, sarebbe invece auspicabile una maggior lena da parte dei maschietti nel dispensarli alla propria amata. In occasione di feste comandate, per i consueti anniversari o semplicemente – e forse ancora più apprezzati – per un'estemporanea gentilezza, un omaggio floreale è un'idea semplice e gradevole. I fiori hanno tante virtù: portano un po' di letizia, spesso profumano, riescono a rallegrare e abbellire il più triste dei tuguri, trasmettono serenità e positività. Sono inoltre un ottimo modo per comunicare senza usare le parole: è evidente che porgere un bel bouquet vuole essere un gesto gentile (porgere, non tirare), capace di esprimere amore e attenzione, se non addirittura uno specifico messaggio a seconda del fiore che si è scelto. Il fiore ha in sé la poesia e la vita, l'immortalità della bellezza naturale, a differenza di qualunque altro oggetto inanimato.

Quale donna non si scioglie d'amore di fronte al proprio uomo che le porge un bel bouquet?

Non è un caso che questo gesto sia una delle più antiche espressioni di benevolenza e ossequio. Incoronare la fronte dei condottieri più valorosi con ghirlande è un uso che risale all'antica Roma, così come adornare le fanciulle nei giorni di festa. Per gli Aztechi i fiori non erano un semplice abbellimento, ma uno dei simboli più importanti delle loro pratiche esoteriche. Il fiore è uno dei loro venti segni dei giorni; simbolo del nobile e del prezioso, un simbolo che coinvolge profumi e bevande. Anche nel vecchio continente i fiori erano un riferimento importante, simbolo di città e casati nobili. Come sapranno certamente anche gli ormai celebri fidanzati di

Giapponesi, nella lontana Cipango esiste una vera e propria cultura della composizione floreale che si chiama *ikebana*. Non si tratta solo di un'antichissima forma d'arte, ma corrisponde a precisi canoni della religione taoista. In questa disciplina il fiore è considerato una manifestazione spontanea e naturale, priva di artificiosità e come tale perfetta. La composizione è realizzata secondo uno schema ternario, dove il ramo superiore rappresenta il Cielo, il mediano l'Uomo e l'inferiore la Terra.

L'Uomo diviene così il mediatore tra Cielo e Terra e non esiste una composizione fuori da questo schema. Gli steli devono equilibrarsi nello spazio senza sforzo, come le tre forze naturali devono armonizzarsi per formare l'Universo. Le composizioni di *ikebana* sono raffinate e singolari; per la particolarità dell'impatto visivo, possono essere un gradito omaggio – oltreché naturalmente per le fidanzate dell'estremo Oriente – per donne appassionate a creazioni del genere o aperte a esperienze diverse. Insomma, ciò che può sembrare un gesto romantico – a qualcuno troppo romantico, al punto da imbarazzarsi scioccamente nel farlo – è in realtà uno dei più antichi e spontanei mezzi di comunicazione umana. Forse, chi non lo pratica, più tristemente non ha nulla da dire.

I fiori: quando regalarli

Come dicevamo, regalare un fiore senza motivo, seguendo uno slancio repentino e istintivo del cuore è uno degli impieghi più belli di questa pratica, sia per chi lo riceve che per chi lo offre. Presentarsi a un appuntamento, una sera come tante, con un ramo di pesco, tornare a casa il pomeriggio di un mercoledì qualunque con un mazzolino di dalie, lasciarle una rosa sul parabrezza dell'auto prima di andare al lavoro, sono gesti di impagabile tenerezza.

Esistono comunque occasioni codificate e precise nella vita di coppia in cui, se desiderate regalare fiori alla vostra amata, è opportuno seguire alcune indicazioni pratiche. La tradizione infatti ha definito alcuni segnali, più o meno noti, per esprimersi attraverso questo delicato gesto.

I fidanzamenti e le nozze

Il fidanzamento ufficiale è una abitudine sociale ormai abbastanza desueta (quasi lo è il matrimonio...). Chi però ama ancora questo genere di cerimoniale, e desidera rispettarne gli usi tramandati, non può esimersi dal presentarsi a casa dell'amata con un omaggio floreale il giorno della fatidica richiesta. Si tratta di un'usanza che abbiamo ereditato dalla Francia, dove i fidanzati, nel 1600, inviavano i fiori più belli, **ogni giorno**, alle promesse spose fino alla data delle nozze. Se il fidanzamento supera i due mesi siete autorizzati a dimenticarvi della tradizione, pena la bancarotta.

Per le nozze, momento di festa in cui i fiori sono la decorazione più gradevole ed elegante, potrete scegliere assieme alla futura sposa quali siano le qualità preferite e più adatte. D'accordo, siamo sinceri, i fiori li decidono la sposa e la mamma, perché per gli uomini potrebbero esserci mazzi di carciofi appesi alle panche che non se ne accorgerebbero nemmeno. In qualunque modo non potete però mancare di scegliere personalmente e inviare il bouquet, della sposa, un omaggio che spetta al futuro marito (o comunque alla famiglia di lui, via). Fino alla seconda metà dell'Ottocento, l'usanza voleva che le spose stringessero tra le mani semplici mazzi di fiori di stagione. Successivamente i mazzolini divennero più elaborati e ornati di pizzi e composti di fiori d'arancio e gelsomini. Esemplari i bouquet "a strascico" esibiti dalle consorti reali della corte d'Inghilterra (non che portino particolarmente bene). Oggi il bouquet non deve essere appariscente, ma comunque è generalmente più ricercato. A ogni modo solo voi, e la personale conoscenza – per quanto obnubilati dall'emozione – che avete della vostra futura moglie, potrete essere i migliori giudici del suo gusto. A fine cerimonia, il bouquet può essere lanciato oppure diviso ma sempre e comunque ceduto dalla sposa alle amiche (siete avvertiti, non sperate di recuperarlo in qualche modo).

I compleanni

Il compleanno è sempre una gioia, anche quando cominciano gli "anta". È la festa della vita, e anzi proprio se qualche piccola ruga comincia a impensierire la vostra compagna è il momento di ricordarle con un allegro mazzo di fiori quanto il vostro amore ne veda solo il fascino della maturità. Grande o piccolo, sempre senza eccedere, scegliete voi; unico accorgimento, non fate inserire al fiorista uno stelo per ogni anno da festeggiare, almeno dopo i diciotto anni. Meglio ripiegare su una varia e vaporosa composizione... Per lo stesso motivo, evitate associazioni poco delicate, come gerbere di color "rosa antico" per signore sulla cinquantina.

Le nascite

Quale gioia più grande del diventare padre? Ora generalmente anche il babbo assiste al parto, che avvenga in ospedale come in casa. Alla prima occasione però, non mancate di acquistare dei fiori per festeggiare il meraviglioso evento. L'allegria e la serenità che donano allieteranno sicuramente la neomamma. Generalmente si consigliano colori tenui, rosa se è nata una bimba, sul celeste-lilla se è nato un maschietto. Attenzione solo a non scegliere varietà troppo odorose, oppure ponetele sull'esterno della finestra, in modo da non infastidire mamma e bebé.

I fiori: come regalarli

Anche se non esiste più un codice rigido che regolamenta le modalità di consegna dell'omaggio floreale, è comunque bene sapere alcune piccole norme da rispettare nel momento in cui si scelgono dei fiori da regalare.

A mano o Interflora?

Il modo in cui si invia un mazzo ha il suo bel significato. È immediata la percezione della differenza tra una consegna a domicilio da parte del fiorista e il recarsi di persona alla porta dell'amata con i fiori in mano. Il primo invio ha un sapore leggermente più formale, ma comunque di gran classe, regala un'aura e una certa importanza al dono. Nel secondo caso l'atmosfera è più familiare, il gesto più semplice e diretto. Nel primo sarà dunque d'obbligo allegare un **bigliettino**, da scegliere possibilmente sulle tonalità dei fiori; va scritto a mano, a meno che non siate in un'altra città, nel qual caso potrete chiedere al fiorista di scrivere semplicemente il vostro nome. Se ci si presenta di persona, invece, anche se gradite le classiche due righe non sono indispensabili (a meno di non essere talmente imbarazzati da non riuscire a spiccicare verbo, nel qual caso meglio scrivere tutto per bene, anche l'indirizzo a cui essere rimandati con un taxi). Cercate comunque di porgerli con gentilezza, tenendoli girati verso l'alto, eventualmente appoggiando gli steli al braccio se il mazzo fosse pesante, ma comunque mai a testa in giù e con imbarazzo. Siate fieri del vostro bel gesto! In epoche passate avevano un significato preciso anche alcuni particolari, come la posizione del **nastro** attorno ai fiori, e se erano presentati capovolti: in questo caso, il significato era opposto a quello che veniva loro normalmente attribuito; ad esempio un mazzo di tulipani rossi, che significavano dichiarazione d'amore, presentati **capovolti** indicavano la manifesta ripulsa dell'amante.

Cosa fare e cosa evitare

Va bene il senso pratico, ma che non vi venga mai in mente di regalare **fiori finti**. Se possono essere una scelta personale d'arredamento più o meno opinabile, mettono indiscutibilmente tristezza se ricevuti in dono. Hanno un sapore spento e cimiteriale, esprimono l'opposto di quelle qualità briose e vitali che appartengono ai fiori veri. Per lo stesso motivo, la persona che li riceve si potrebbe sentir considerata senza vitalità né sensibilità.

I **fiori secchi** sono invece una moda più apprezzata, in quanto espressione di una certa ricercatezza e di un tentativo di rendere eterna la bellezza. Hanno un sapore romantico di altri tempi, di campagna e di nobile semplicità. Esistono bouquet molto originali, rifiniti con paglia e muschio, che faranno senz'altro la gioia delle amanti del lino grezzo e delle fibre naturali.

Distruggiamo poi il **mito della dozzina**: da ricordare invece sempre che i fiori vanno assolutamente donati in numero dispari, se si tratta di un mazzo della stessa varietà. Dunque bene una rosa, tre un po' da taccagni, sette siamo a buon punto, undici è praticamente perfetto (facile da ricordare, poi, per un uomo), e via aumentando la panchina a seconda del massimale della carta di credito. Nel caso di mazzi misti, il numero ha meno importanza rispetto alla composizione.

Se volete esagerare con **mazzi extralarge** – a parte ricordarvi che non dimostrate molto buon gusto – fatelo solo se inviate il mazzo. Presentarvi alla porta coperti da infiorescenze e foglie non è infatti una buona idea. Passereste per una sorta di Tarzan dell'orto botanico, mentre vi fate largo con la faccia tra i rami e i gambi.

Anche la **lunghezza degli steli** va moderata, soprattutto se voi stessi non siete esattamente dei giocatori di basket, altrimenti rischiate di passare per uno di quei simpatici nanetti che decorano i giardini di tante villette.

Meglio insomma un **piccolo bouquet**, confezionato con cura, o addirittura un singolo fiore. I fiori che fanno più effetto sono quelli che hanno un'aria **"pensata"**, un accostamento meditato; quindi, ad esempio, è preferibile inviare un mazzetto di fiori di campo mischiati a spighe di grano piuttosto che una pianta di ciclamini. Nella scelta ci deve essere sempre qualcosa di personale, che trasmetta l'impegno che ci avete messo.

Infine una particolare attenzione alla suscettibilità di chi riceve l'omaggio: se la persona che amate è molto sensibile alla natura, potrebbe sinceramente soffrire ricevendo **fiori recisi**.

Meglio allora scegliere una **pianta con le radici**. La selezione è grandissima e non implica necessariamente la rinuncia al colore: potete regalare esemplari da fiore, come le violette africane, le azalee, le ortensie, le primule, le begonie e le profumatissime gardenie.

Importanza

Esiste una sorta di gerarchia tra i fiori, per cui alcune specie sono considerate più importanti di altre, e dunque più adatte a occasioni importanti. Ci permettiamo di dissentire. Ricordate che la chiave dell'omaggio floreale è sempre il trasporto (non del mazzo, del vostro sentimento!) e la spontaneità delle vostre intenzioni. Dunque se vi sentite poco sicuri e preferite andare sul tradizionale, sappiate che rose e orchidee sono tra le specie più prestigiose. Ma se non volete semplicemente fare impressione, bensì colpire al cuore e scoprire il vostro animo, inviate ciò che più vi piace. Violette, non-ti-scordar-di-me, girasoli, tulipani, dalie: come recita il saggio Buddha, non c'è una via per raggiungere la felicità, la felicità è la via. Godetevi la scelta!

Come ricevere i fiori

Anche se si tratta del quinto mazzo della giornata, non è molto delicato abbandonare i fiori del vostro innamorato nella carta su un mobile in attesa di aver tempo di metterli a posto. Trovate il modo di sistemarli in un vaso, in bella vista, in modo da non farli soffrire e dimostrare il vostro apprezzamento a chi ve li ha appena donati. Se il mazzo è molto grande e non avete un vaso adatto, cercate di non mettere in imbarazzo il vostro lui e risolvete rapidamente la faccenda senza dare troppo nell'occhio. Una bottiglia capiente, una pentola da asparagi, un portavaso di ceramica potranno temporaneamente sopperire alla mancanza di un contenitore più adatto. Ricordatevi che se ha esagerato lo ha fatto solo per i vostri occhi. Se i fiori sono stati inviati tramite fattorino, è bene chiamare al più presto per ringraziare, ma soprattutto per assicurare di averli ricevuti. Un tempo si usava adornarsi con uno o più fiori presi dal mazzo ricevuto in dono: la posizione del fiore sul corpo variava a seconda del messaggio che si voleva dare all'innamorato. Per esempio, infilarsi un fiore nella scollatura significare amore, metterlo tra i capelli prudenza.

I fiori: colori, simboli e sentimenti

Come dicevamo, esiste una simbologia precisa, codificata attraverso i secoli, che accoppia varietà e virtù, azioni o sentimenti. Il significato specifico cambia però a seconda dei paesi; di solito le differenze più marcate si hanno tra il mondo occidentale e orientale. Ancora una volta i fidanzati Giapponesi ci fanno presente come il crisantemo dalle loro parti sia, da oltre duemila anni, il fiore più importante e celebrato, tanto che è il simbolo della casata dell'imperatore; in Italia invece questo fiore è associato al lutto, perché fiorisce proprio nel periodo autunnale, vicino alla giornata dedicata al ricordo dei morti. Se comunque oggi, a parte fidanzati dagli usi diversi, regalare un mazzo di fiori non è considerata un'impresa difficoltosa, nell'Ottocento costituiva quantomeno un problema. Il linguaggio dei fiori, infatti, era quasi una specie di culto: ogni fiore aveva uno specifico significato non solo per chi lo donava ma anche per chi lo riceveva e per qualunque persona venisse a conoscenza del gesto. Un fiore poteva passare per una muta richiesta di matrimonio come per una vergognosa compromissione. Proprio per l'importanza sociale di tali omaggi, anche libri e giornali riportavano la simbologia dei fiori. Il periodico femminile "Penelope" nel 1826 riportava: «la rosa rappresenta bellezza, un bocciolo di rosa significa gioventù, le foglie di quercia mostrano patriottismo, l'alloro è il coraggio, le violette sono sinonimo di umiltà, la viola del pensiero indica l'amicizia. Il giglio indica l'innocenza, il bucaneve felici aspettative. Il significato del tulipano è l'orgoglio, quello dei narcisi è la vanità, i non-ti-scordar-di-me sono sinonimi di memorie che durano nel tempo»; e ancora, «il lillà indica amore non corrisposto, l'anemone abbandono, il tulipano screziato "occhi belli", la giunchiglia rispetto».

Alcuni di questi significati vi saranno sicuramente noti: che la rosa sia passione, le violette umiltà e il giglio la purezza è cosa abbastanza risaputa. Se però vi incuriosisce conoscere il significato più diffuso di ogni specie, eccovi un prontuario di facile consultazione, per fiore e per sentimento. Stupitela con effetti speciali!

SE VUOI ESPRIMERE... fiore per fiore

Acacia bianca:	amore platonico
Achillea:	guarigione
Aconito:	vendetta
Agrifoglio:	forza, resistenza
Alchechengi:	virtù nascoste
Amaryllis:	fierezza
Ambrosia:	amore corrisposto
Anemone:	semplicità, candore, abbandono
Artemisia:	felicità, salute
Asfodelo:	scuse, immortalità e rimpianto
Azalea:	fortuna, femminilità (in Cina)
Balsamina:	approccio al fidanzamento
Biancospino:	speranza, prudenza
Begonia:	fai attenzione
Bocca di leone:	indifferenza

Bucaneve:	consolazione, speranza
Calendula:	dispiacere, gelosia
Cactus:	durata
Calla:	raffinatezza, bellezza
Camelia rosa:	desiderio di te, sacrificio
Camelia rossa:	sei la fiamma nel mio cuore
Camelia bianca:	stima e ammirazione
Capelvenere:	discrezione
Ciclamino:	rassegnazione e addio
Crisantemo:	dolore e forza d'animo
Croco:	giovinezza spensierata
Fiori di ciliegio:	buona educazione
Dalia:	riconoscenza, buon gusto
Datura:	ipocrisia
Edera:	fedeltà, amore esclusivo
Eliotropo:	voluttà
Elleboro:	sollievo dall'ansietà
Erica:	solitudine
Felce:	sincerità
Fiordaliso:	primo amore, delicatezza
Fior di cappuccio:	leggerezza

Fior d'arancio: verginità, fecondità, purezza
Fior di pesco: compiacenza, amore immortale
Fresia: amore platonico
Gardenia: simpatia
Gardenia bianca: fedeltà
Gardenia gialla: eleganza
Garofano bianco: sincerità
Garofano rosa: fedeltà, amore reciproco
Garofano rosso: energia
Gelsomino giallo: timidezza, eleganza
Gelsomino bianco: amabilità e amor coniugale
Genziana: forza
Geranio: stupidità, follia
Geranio limoncino: capriccio
Geranio rosato: languidezza
Giacinto blu: costanza
Giacinto porpora: richiesta di perdono
Giacinto rosso: gioco
Giacinto bianco: affetto
Giacinto giallo: gelosia
Giglio bianco: purezza

Giglio giallo:	nobiltà
Giglio rosa:	vanità
Ginestra:	pulizia
Girasole:	amore adorante
Giunchiglia:	desiderio
Gladiolo:	rispetto
Glicine:	amicizia disinteressata
Spiga di grano:	abbondanza
Ibiscus:	corteggiamento e disponibilità
Iperico:	originalità
Iris:	novità, speranza
Lavanda:	buona fortuna, diffidenza
Lauro:	gloria, trionfo
Lillà bianco:	purezza, verginità
Lillà giallo:	sono fra le nuvole
Magnolia:	nobiltà, bellezza superba
Magnolia bicolore:	pudore
Malvone:	fecondità
Margherita:	innocenza, spontaneità, bontà
Melograno:	fertilità
Mimosa:	sensibilità, libertà, autonomia

Mirto fiorito: amor tradito
Mughetto: civetteria, amicizia
Non-ti-scordar-di-me: ricordo, fedeltà
Narciso: egotismo, vanità
Ninfea: purezza, intoccabile castità
Orchidea: sensualità, raffinatezza
Ortensia: freddezza
Palma: vittoria
Papavero rosa: sorpresa, dubbio, lentezza
Papavero rosso: orgoglio o prosperità
Passiflora: fede, religione
Peonia: perdono
Pervinca: dolce ricordo
Pratolina: contraccambio di sentimenti
Primula: giovinezza, primo amore
Resedia: dolcezza, godimento
Rododendro: primo amore
Rosa bianca: amore innocente e silenzioso
Rosa gialla (tea): gentilezza
Rosa rosa: freschezza, tenerezza
Rosa rossa: passione

Salvia splendens: stima
Sensitiva: stima, sensibilità
Stella alpina: felicità
Stella di Natale: buona fortuna
Strelitzia: turbamento
Tarassaco: oracolo
Tuberosa: indifferenza, richiesta illecita
Tulipano: amore perfetto
Tulipano rosso: dichiarazione d'amore
Tulipano giallo: c'è il sole nel tuo sorriso
Tulipano violetto: modestia
Ulivo: riconciliazione
Violetta: modestia
Viola del pensiero: fedeltà
Zinnia: pura semplicità

SE VUOI ESPRIMERE... sentimento per sentimento

Amicizia

Ah, l'amicizia! I fiori che la esprimono sono il mughetto e il glicine. Quest'ultimo simboleggia la dolcezza e la disponibilità e quindi in senso traslato è adatto per un'amica. La fresia, simbolo di amor platonico, è altrettanto appropriata per essere regalata in amicizia, così come l'acacia bianca, dal medesimo significato.

Ammirazione

Se volete comunicare stima e ammirazione, i fiori più indicati sono la camelia e il fior di loto. La camelia è diventata una celebrità tra i fiori per essere stata il fiore preferito di Margherita, la protagonista del romanzo di Alexandre Dumas figlio, *La signora delle camelie*. Alcuni danno alla scelta di questo fiore il significato negativo di freddezza e distacco. In realtà la fissità e la perfezione della corolla e la varietà dei colori, ne fanno un fiore elegante con un'*allure* romantica. Il fior di loto, o ninfea, deve la sua fama anche alla classica posizione yoga e alla perfezione armoniosa che simboleggia.

Amore

Innegabile l'associazione amore e rose rosse. Almeno una volta nella vita, tutte le donne dovrebbero esserne destinatarie. Esistono però anche altri fiori con i quali è possibile comunicare questo sentimento; è il caso del garofano rosa, che significa amore reciproco, l'iris giallo ardore e passione, l'ibisco passione fisica, l'eliotropo voluttà. Ma l'amore perfetto è simboleggiato dal tulipano. Il sultano delle *Mille e una notte* ne lasciava cadere uno rosso ai piedi di una donna dell'harem per farle capire che era la prescelta. Secondo una leggenda popolare, invece, erano le odalische a lanciarli per mandare messaggi agli innamorati perduti. La leggenda più antica che lo riguarda, di origine persiana, sostiene che il fiore sia nato dalle gocce di sangue di un giovane suicidatosi per una delusione amorosa. Comunque sia, il tulipano è il fiore che parla d'amore. Oggi il suo significato allude a relazioni equilibrate e perfette.

Bellezza

La calla e l'orchidea sono i fiori che meglio si prestano per esprimere ammirazione per la bellezza di una persona. La prima, per le sue linee pure ed essenziali, si adatta a una donna dotata di una bellezza sobria e raffinata, la seconda invece è indicata per una donna di un fascino misterioso, di un'eleganza impegnativa e raffinata, molto sensuale. Odette, nel libro di Proust *Alla ricerca del tempo perduto*, portava sui capelli e nella scollatura un mazzetto di orchidee. E come dimenticare le prestazioni di Mikey Rourke e della sua bella Otis in *Orchidea selvaggia* (da non confondersi con *I quattro dell'oca selvaggia*)?

Diffidenza

Per esprimere diffidenza i fiori più indicati sono il ciclamino e la lavanda. Nel terzo secolo a.C. il ciclamino era usato per stimolare l'amore e la sensualità (tipo peperoncino, insomma): si pensava anche che possedesse proprietà terapeutiche contro il veleno dei serpenti e per questo gli era stato attribuito un potere magico, capace di allontanare il maleficio e di influire sulle vicende amorose. L'essenza del ciclamino è ritenuta un portafortuna. In seguito, il suo significato si è mutato per adattarsi meglio al fatto che in realtà il veleno lo contiene lui, nelle radici. La lavanda da secoli viene usata per profumare la biancheria, per dare profumo all'acqua di Colonia e come erba medicinale. In passato era sparsa sul pavimento per tenere lontano tarme e insetti. Secondo una tradizione popolare i serpenti amano dimorare sotto i cespugli di lavanda; per questo la gente cominciò a diffidare della pianta che finì per esprimere proprio quel sentimento.

Fedeltà

Il *myosotis* o non-ti-scordar-di-me rappresenta la fedeltà insieme al garofano bianco. Due leggende, una austriaca e una islamica, che parlano del *myosotis* hanno la comune indicazione per la fiducia nell'amore eterno. Chi lo regala dichiara l'impegno duraturo dei propri sentimenti.

Felicità

In Oriente, se gli innamorati regalano all'amata un fiordaliso è perché vogliono esprimere la speranza di ottenere la felicità da lei. Questo fiore rappresenta anche da noi la delicatezza e la felicità che arrivano con il primo amore. Un tempo, se una fanciulla portava un fiordaliso voleva dire che era disposta al matrimonio. Se un giovane si metteva un fiordaliso nel taschino era innamorato e se il fiore non appassiva, era segno che si sarebbe sposato; se moriva, doveva trovarsi un'altra innamorata. Di qui il nome di "bocciolo dello scapolo".

Forza

Intesa come forza d'animo, è ritenuta una virtù tipicamente femminile. L'uomo che intendesse rendere omaggio alla donna che possiede questa qualità potrà donare gladioli, che significano rispetto e quindi in senso traslato deferenza per la forza d'animo dell'amata oppure mimose: l'8 marzo è un dovere, mentre negli altri giorni è un gentile pensiero. La mimosa infatti è una pianta di aspetto delicato, ma che nasconde una vitalità e una forza sorprendenti. Anche la genziana, splendido fiore che nasce tra le avversità, ne è simbolo, così come l'agrifoglio.

Giovinezza

Secondo il linguaggio dei fiori, la primula rappresenta la giovinezza perché è uno dei primi a sbocciare dopo il periodo invernale; per molti simboleggia la primavera e quindi la speranza di rinnovamento che questa stagione porta con sé. È un piccolo fiore che si trova in vari colori ed è un dono discreto e gentile.

Gratitudine

La dalia è il fiore che rappresenta la riconoscenza ed è il dono indicato quando si vuole ringraziare qualcuno. Importata dal Messico, dopo numerosi tentativi si riuscì a far sbocciare i fiori anche in Europa e divenne il fiore prediletto di Giuseppina Bonaparte, il cui amore si nutriva di ammirazione per Napoleone.

Indifferenza

Durante il Medioevo le ragazze che volevano rifiutare un corteggiatore portavano tra i capelli una bocca di leone e per questo in alcune regioni era chiamato "fior del capriccio". Da qui il significato che le è attribuito: non mi importa di te. Il nome tedesco di questo fiore è "gola di leone" e in francese *muflier* che significa muso. Due sono i motivi per cui gli sono stati dati questi nomi: il primo riguarda l'aspetto del fiore che, premuto ai lati, si apre come una bocca; l'altro si riferisce alla forma della capsula contenete i semi, aperta con due fori simmetrici che ricordano il naso di un animale. Purtroppo l'indifferenza è un sentimento molto diffuso e un atteggiamento facilmente assunto; ma in genere è meglio dimostrare sentimenti di altro genere, quindi il significato della bocca di leone può essere tranquillamente disatteso. Ai nostri giorni non si usa portare fiori tra i capelli, se non durante qualche passeggiata in campagna o in montagna, ma le bocche di leone sono curiose per la loro corolla a forma di muso; coloratissime, da sole o con altri fiori possono essere un simpatico dono. Un mazzo di tuberose possono esprimere allo stesso modo indifferenza. Anche l'ortensia, simbolo di freddezza, è un buon modo per esprimere la propria lontananza sentimentale.

Infedeltà

L'infedeltà è palese se regalate del mirto fiorito. La conseguente gelosia è rappresentata da vari fiori: la datura, simbolo di ipocrisia, la calendula, che indica dispiacere e gelosia, e il giacinto giallo, anch'esso emblema di gelosia. Perciò se un uomo regala un mazzo di questi fiori con il fiocco a sinistra, ammette di essere infedele, mentre se il fiocco è a destra accuserà la destinataria di esserlo. Ai nostri giorni però è molto difficile l'invio di fiori con l'intento di esprimere tali significati e chi li riceve può godersi il piacere di questi bei fiori senza rodersi l'animo.

Modestia

Il simbolo della modestia o, meglio, della riservatezza e dell'innocenza è la violetta; questo significato deriva dal fatto che è un piccolo fiore che sboccia nascosto tra l'erba. È un gradito omaggio perché non impegna chi lo riceve. Fin dall'antichità questo fiorellino è stato celebrato dai poeti e dagli scrittori; è citato ampiamente da Shakespeare in *Amleto* e in *Racconto d'inverno*. La violetta è molto amata per il suo profumo cipriato ed è simbolo di ben due città: Atene, dove era considerata il fiore di Zeus, e Parma, dove si produce l'omonimo profumo. Alla violetta è stato attribuito anche un potere benefico e i fidanzati se ne servono per tranquillizzare situazioni a volte troppo tese.

Novità in arrivo

Offrire un mazzo di iris multicolori è un messaggio di novità in arrivo. Infatti per la mitologia greca, Iris era la messaggera tra gli dei e gli uomini; la strada che percorreva dall'Olimpo alla terra era l'arcobaleno. Esiste anche un aneddoto più recente che associa il fiore alle novità. Luigi VII di Francia, uscito vittorioso da una battaglia, scelse questo fiore a emblema del suo casato, perché il campo su cui si era svolto il conflitto ne era invaso. Il popolo, allora, lo soprannominò *fleur-de-Louis* ("fiore di Luigi"), ma a causa della pronuncia contratta diventò ben presto *fleur-de-lys*, cioè "fiore di giglio". La stessa confusione viene fatta anche in Italia: il nome botanico del giglio di Firenze, infatti, è *Iris florentina*.

Perdono

La peonia è il fiore da offrire quando ci si vuol far perdonare qualche cosa, o porre rimedio a una situazione difficile e sentimentalmente complicata. Questo fiore rappresenta la timidezza, il pudore e la vergogna, dalla leggenda che narra come Peonia fosse una ninfa che, avendo offeso il proprio onore, fu trasformata in fiore che prese il vergognoso rossore della ninfa. Anche l'ulivo è un chiaro simbolo di riconciliazione, così come il giacinto porpora si dona quando si è commessa una sgradevolezza nei confronti di chi si ama.

Purezza

I fiori che simboleggiano la purezza sono il giglio bianco e la margherita. Il giglio bianco è il fiore che spesso si trova nelle immagini di santi e sante; ad esempio Sant'Antonio, San Giuseppe e Sant'Agnese. Una leggenda narra che Maria abbia scelto il suo sposo proprio perché lo aveva notato tra la gente con un giglio tra le mani: questo spiegherebbe perché Giuseppe è spesso raffigurato con un bastone da cui sbocciano dei gigli bianchi.

La margherita simboleggia la purezza nel senso di serenità, freschezza, semplicità, amore pacato e durevole. Le si attribuiscono facoltà profetiche: sfogliandola, gli innamorati si aspettano di sapere se sono amati. Nel Medioevo le donne riconoscevano pubblicamente il loro impegno amoroso quando concedevano al loro cavaliere il permesso di ornare lo scudo con due margherite. Secondo un'antica usanza inglese, se una bambina raccoglieva un mazzo di margherite a occhi chiusi, il numero dei fiori indicava il numero degli anni che mancavano alle sue nozze.

Ricordo

La viola del pensiero è la traduzione della parola francese *pensée*: "pensiero". È chiaro quindi che questo è il fiore per essere ricordati. Nel *Sogno di una notte di mezza estate* di Shakespeare, questo fiore è considerato un filtro d'amore che fa innamorare la regina delle fate, Titania, di un asino. Il soprannome più romantico di questo fiore è "tranquillità del cuore": si credeva infatti che, portando con sé una viola del pensiero, ci si potesse assicurare l'amore dell'innamorata. Non rappresenta soltanto il ricordo, ma anche il potere che ha il pensiero amoroso.

Silenzio

Simbolo del silenzio è la perfetta rosa bianca che rappresenta anche il mistero e la saggezza. Nell'antichità il dio del silenzio era rappresentato da un giovane con il dito indice sulla bocca e una rosa bianca nell'altra mano. I petali di rosa sono sovrapposti in modo concentrico, si raccolgono in un bocciolo centrale che in molte varietà non si schiude mai del tutto: un piccolo e delicato scrigno che non deve essere forzato per nessuna ragione. Anche da questo deriva il significato silenzioso di questo fiore.

SE VUOI ESPRIMERE... colore per colore

Bianco

È Il simbolo della purezza, dell'innocenza e del pudore. Esprime un sentimento soave e sincero. Viene utilizzato anche quando si attendono nuove notizie. Per tutti questi motivi è il fiore per eccellenza delle spose e delle cerimonie sacre in generale, come battesimi, comunioni o cresime.

Giallo

Il giallo veniva comunemente associato all'infedeltà e al tradimento, e di conseguenza alla gelosia. Per fortuna ultimamente si è un po' perso questo significato, mentre ha acquistato piuttosto quello di lusso, gloria e successo.

Arancione

È un colore che simboleggia la gioia, l'allegria, e la piena soddisfazione per un successo già raggiunto. Anche sentimentalmente esprime un amore già consolidato e appagante che ci rende sicuri ed è fortunatamente ricambiato.

Rosa

È simbolo della giovinezza ed esprime un amore appena nato. Il rosa è associato anche a grande ammirazione. È il colore che si usa per festeggiare i diciott'anni.

Rosso

Notoriamente è l'espressione dell'amore ardente e passionale, del coraggio e del forte desiderio di vittoria. È però anche simbolo di collera e di temperamento volitivo. Infine sotto Natale ha un significato di festa e calore familiare.

Rosso scuro

Simboleggia la costanza, la continuità e l'immortalità.

Viola

Esprime sentimenti di modestia, generosità e umiltà.

Lilla

Rappresenta un amore sincero e privo di interessi, anche se diretto semplicemente ad amici.

Azzurro chiaro

L'azzurro chiaro è simbolo di difficoltà e inquietudine dovuta a problemi di diversa origine. Ma è anche il colore dei maschietti appena nati.

Turchese

Gratificazione per chi si occupa con grande impegno di arte o di scienze. È un colore "intellettuale".

Verde

Simboleggia la speranza o un pericolo già scongiurato, rappresenta anche la gioia o l'ottimismo.

A un uomo: perché no?

Perché ve li tirerebbe in testa. A parte rari casi, i fiori non sono esattamente il regalo più gradito dagli uomini. È inutile negare l'evidenza: non è nella natura, o nella tradizione degli uomini apprezzare un omaggio simile, se non per friggerlo. Un vero peccato, visto che comunque anche i maschietti in realtà gradiscono giardini colorati o prati coperti di margherite. Forse la connotazione fortemente romantica dei fiori recisi, e di conseguenza la paura di apparire poco virili, fa loro negare tale piacere, o forse semplicemente non ne percepiscono pienamente la poesia. Non c'è nulla di male, la diversità è la bellezza della vita. Eppure ci sono alcuni – pochi a dire la verità – casi in cui anche a un uomo è possibile regalare un gran mazzo di fiori facendogli una gradita sorpresa. Nel complesso si tratta di circostanze estemporanee, non legate a occasioni particolari. Se infatti una donna può essere gratificata esclusivamente da un bel bouquet, un uomo difficilmente tollererebbe di ricevere una seppur raffinata scelta di rose per il suo compleanno. Si tratta comunque sempre di occasioni private, in cui il gesto si consuma in modo discreto e familiare. Non illudetevi che se ne vanti con gli amici come potrebbe accadere alle donne! Però forse proprio per questa mancanza di pomposità, regalare fiori a un uomo può essere un gesto ancora più autentico che regalarli alla donna.

Quando è immobilizzato

Non nel senso che non vi può aggredire per il dispetto che prova! Si intendono quei casi in cui il vostro compagno è costretto in un letto, per una breve malattia o per una frattura da intensa partita con gli amici. Rallegrare la sua stanza con un bel mazzo di margherite sarà sicuramente un piacere anche per lui. Abbiate solo l'accortezza di evitare qualità particolarmente profumate, che potrebbero dare fastidio a chi le odora a lungo.

Quando è triste

Perché, se qualcosa è andato storto durante la giornata, non farlo sorridere con un mazzolino di violette? Un omaggio di piccole dimensioni ma che potrà forse essere l'inizio di un nuovo modo di guardare ai guai quotidiani.

Quando festeggia un successo professionale

Che si tratti di una laurea, una promozione o semplicemente una giornata positiva, donargli un involto di tulipani gialli per festeggiare la soddisfazione della riuscita può essere molto carino.

Quando è un collezionista

Ricordate Nero Wolfe e la sua collezione di orchidee? Se il vostro lui apprezza certi tipi di fioriture, perché non soddisfare e alimentare la sua passione? Oltre ai rari fiori tropicali, anche altre piccole piantine dalle infiorescenze profumate potrebbero essere apprezzate. Ma non è esattamente legale...

Comunque, in linea di massima se volete regalare fiori al vostro uomo cercate forme e colori vivaci, che non appartengano alla tradizione romantica come i fiori d'arancio. Qualcuno consiglia di evitare nastri e carte troppo leziosi, per evitare di rendere imbarazzante il dono. Curiosamente, agli uomini vengono più spesso offerte in dono piante verdi, o più di recente bonsai. In quest'ultimo caso, assicuratevi che chi riceverà il dono abbia la precisione e la predisposizione necessarie per dedicarsi alla difficile e paziente cura delle piante *mignon* di stile orientale. Anche le piante carnivore hanno un certo ascendente sugli uomini, ma sono forse più difficili da trovare e da gestire. I cactus sono specie molto gradite, non richiedono cure particolari e riescono a sopravvivere senz'acqua anche per parecchio tempo. Sono simbolo di costanza e talvolta si producono in coloratissimi fiori. Evitate solo il Sedile di suocera... Infine le piante di idrocoltura possono essere una proposta originale per gli uomini che amano cimentarsi nelle sfide della botanica.

Fiori e zodiaco

Esistono suggestive letture dei segni zodiacali che suggeriscono accoppiamenti privilegiati tra simboli e fiori. Di seguito vi proponiamo una lista delle preferenze più diffuse; per gli appassionati del genere potrebbe costituire uno spunto affascinante.

A OGNI SEGNO IL SUO FIORE

Ariete:	Ginestra
Toro:	Rosa
Gemelli:	Garofano
Cancro:	Ninfea
Leone:	Girasole
Vergine:	Margherita
Bilancia:	Giglio
Scorpione:	Orchidea
Sagittario:	Fiori di pesco
Capricorno:	Narciso
Acquario:	Mimosa
Pesci:	Gelsomino

Amore virtuale o amore reale?

L'amore è un motore di ricerca

Un tempo c'erano le piazze, la spiaggia, la scuola, le feste, la discoteca. Prima ancora i balli, i concerti e i circoli culturali, le fiere di paese. La messa della domenica, come dipinge bene Massimo Troisi in *Non ci resta che piangere*. Le occasioni per aggregarsi e incontrare l'altro sesso sono sempre state definite in momenti e luoghi precisi, circostanze costruite un po' dal caso un po' dalla società per agevolare la conoscenza tra ragazzi e ragazze. Oggi il motore di ricerca dell'anima gemella ha allargato il suo campo d'azione a un non-luogo senza tempo: Internet. Il mondo sospeso della rete ha creato un sistema di scambio virtuale, di incontro tra i sessi che non conosce le barriere limitate della geografia, del giorno e della notte, e più in generale della fisicità. Chat, e-mail newsgroup, forum, mailing list, tutti strumenti di condivisione – inizialmente lavorativa, in seguito sempre più sentimentale – che offrono una rivoluzionaria possibilità di esplorazione della controparte e per molti di amore. Se prima si lottava con i genitori per ritardare il rientro a casa, se il rito della "compagnia" si consumava soprattutto d'estate, arroccati su muretti, motorini e due cavalli, se i corridoi scolastici e la macchinetta del caffè al lavoro fornivano preziose quanto limitate opportunità di scambiarsi occhiate e studiarsi, ora la rete offre praticamente un contatto – almeno binario – non stop con l'altro sesso. Età e distanza si annullano, così come uno degli elementi chiave che hanno condizionato l'amore da che mondo è mondo: l'aspetto fisico. In questo senso, prima di proseguire, è necessario fare una distinzione tra le conoscenze avvenute nella vita reale e proseguite grazie al supporto di strumenti informatici, e quelle nate e vissute (almeno nella prima fase) esclusivamente in rete. Nel primo caso il web rimane uno strumento; nel secondo si trasforma in un mondo parallelo, dove è possibile vivere una dimensione completamente diversa, inventarsi, addirittura credersi persone differenti da quello che si è in realtà. Senza voler entrare nel complicatissimo merito di cosa sia l'amore, nessuno potrà negare che, a dispetto della rigida separazione mente-corpo operata dalla società occidentale, il sentimento più antico è fatto sia di coinvolgimento intellettuale che fisico. Se "non c'è sesso senza amore", non è possibile nemmeno il contrario. L'unione fisica è il suggello della condivisione spirituale, codificato anche dalle religioni più ascetiche. È possibile un amore vero che prescinda dal suo lato materiale? E non si tratta semplicemente della "consumazione", a cui a volte arrivano anche gli amanti virtuali. Stiamo parlando proprio della prima fase, quella poeticissima e pura dell'innamoramento. È verosimile innamorarsi di un'idea? Della traduzione di una persona in parole? Dove sono finite le famose vibrazioni? Passano anche per il filo del telefono? Ammesso che chi si conosce in rete sia sincero, è possibile provare attrazione per qualcuno che non ha un corpo, che non si annusa, non si vede, non si può toccare né assaporare con un bacio? La realtà ci risponderebbe di sì, visto l'incredibile successo dei siti dedicati a questo proposito. I detrattori delle chat negano la possibilità di un sentimento autentico senza la conoscenza fisica. In realtà gli studiosi della psiche umana spiegano come l'innamoramento passi proprio per una fase di idealizzazione che non ha nulla a che vedere con la realtà. Quando ci si innamora, l'altro potrebbe (spesso è) essere diverso da quello che immaginiamo. Proiettiamo una nostra personale idea su una persona, deducendo da una frase, un movimento, un atteggiamento, che sia ciò che noi vorremmo che fosse, ciò che stiamo cercando. Dunque la rete è il posto ideale per consumare il rito dell'innamoramento: non ci sono delusioni, nessuna azione a smentire le parole, nessun brufolo a urtare la perfezione dell'immagine che ci siamo creati dell'altro. L'impostazione maschile (che beffa!) della nostra società favorisce l'aspetto astratto e idealistico dell'amore, il cui lato fisico è ammesso solo entro canoni perfezionistici: fotomodelle e uomini scolpiti. Inutile nascondersi dietro a film pretestuosi come *C'è post@ per te*, in cui i protagonisti si innamorano del vero io dell'altro, scalzando grazie alla tecnologia i pregiudizi che l'immagine reale aveva costruito loro attorno. In realtà non è affatto vero che lontani dalle limitazioni del corpo riusciamo a dimostrarci come davvero siamo. La nostra personalità, il nostro io, è fatto anche dell'impaccio nei confronti dei nostri difetti fisici, della superbia generata dalla nostra bellezza, dalla timidezza o dalle remore che ci provocano gli altri. Allo stesso tempo, però, Internet costituisce una opportunità esaltante di sognare, sondare il terreno e iniziare qualcosa, anche di serio. Come dopo ogni innamoramento, anche in quelli nella vita reale, esiste una fase di confronto con la realtà, di adattamento dell'idea che ci siamo fatti dell'altro a quello che l'altro davvero è. È il momento della frequentazione, che può concludersi felicemente nell'accettazione totale dell'altro e quindi in una storia duratura, oppure nel rifiuto e nella rottura, dopo aver verificato che l'idea era troppo distante dalla realtà. Qui sta il nodo fondamentale dei rapporti nati su Internet: la fase della conoscenza vera, che è fatta imprescindibilmente da tutto ciò che siamo (compresi corpo, ambiente, parenti, amici, abitudini sociali) non è sostituibile con le parole. La rete può essere un inizio, ma non può essere il compimento. Il rischio è naturalmente alto in entrambi i casi, sia che si decida di incontrare l'eventuale partner che no. Nel primo caso, sono venuti a mancare, durante la prima fase di conoscenza, tutti quegli strumenti "animali" che ci aiutano a – ma certo non ci garantiscono di – avvertire, subodorare attraverso tutti e cinque i sensi di quali persone ci possiamo fidare e di quali no. Senza contare che di solito, quando conosciamo qualcuno, il contesto è già utile per avere numerose informazioni e quindi a proteggerci, rispetto al pericoloso anonimato della rete. Nel secondo, proseguire un rapporto basato solo sulla rappresentazione verbale può produrre un distaccamento dalla realtà, una dissociazione che rende poco saporita e interessante la vita reale. In un certo senso, l'umana insicurezza che può nascondersi dietro alla necessità di porre uno schermo di computer tra noi e gli altri viene portata alle estreme conseguenze relegandoci in un perfetto mondo lontano, in cui le relazioni che abbiamo sono in realtà solo autoreferenziali. Molti naviganti affermano di avere storie vere e proprie, coronate dal famoso *cybersex*, con compagni incontrati su Internet. Ma di fatto si tratta di autoerotismo. Va detto comunque che esistono effettivamente diversi casi in cui la rete è stata tramite di incontri che hanno portato realmente al matrimonio. Questo significa che la rete può essere uno strumento affascinante, utile per moltiplicare le possibilità di incontro, occasionalmente anche per raggiungere la propria metà, in qualunque parte del globo terrestre si trovi. A patto di rimanerci, sul globo terrestre, e di continuare a considerare la tecnologia come uno strumento che ne fa parte, non come un altro pianeta.

Le chat: incontrarsi in Internet

Dicevamo dunque che i luoghi virtuali d'incontro forniscono la possibilità di mettersi in contatto con tantissime persone diverse, parlare con loro a proposito degli argomenti più disparati e scoprire magari affinità, intese, attinenze. Il fatto di partecipare a discussioni su argomenti (*topic*) precisi restringe il campo, permettendo di rivolgersi a persone che condividono interessi con noi. Spesso e volentieri poi le persone che chattano sono alla ricerca. Chi di una storia seria, chi di un passatempo, chi di semplice amicizia. Non è facile distinguere. Come nella vita reale, può capitare di fraintendere le parole di qualcuno, che non ha nessuna intenzione di trovarsi una storia al buio, ma solo una buona compagnia di chiacchierata; più difficile il contrario, visto che generalmente gli approcci voluti sono piuttosto diretti, complice l'anonimato. È affascinante notare come nei consigli su come condurre il gioco di coppia virtuale che si possono trovare sulla stessa rete, la preda sia quasi sempre una "lei". Forse perché nove su dieci tra quelli che si collegano ai gruppi sono uomini. O forse perché esiste ancora un antico retaggio secondo cui il maschio è cacciatore, la preda femmina. A ogni modo, se avete intenzione di cimentarvi alla ricerca dell'anima gemella tramite rete, eccovi alcune prime indicazioni pratiche utili.

L'ANIMA GEMELLA IN RETE... A CACCIA

@ Se non avete mai usato il computer, è obiettivamente un problema. Fate un corso, fatevi spiegare da un conoscente pratico della cosa.

@ Se non avete mai usato Internet, procuratevi una presa del telefono, un computer dotato di browser (il programma che permette di visualizzare i dati messi in rete) e fate un po' di esperimenti di navigazione.

@ Se non siete mai entrati in una chat, collegatevi, cercatevene una con un motore di ricerca, scaricate il programma per visualizzarla graficamente (il client – alcuni usano direttamente i browser), procedete con l'iscrizione (niente di preoccupante, serve solo per ricevere la password d'accesso) e scegliete una o più stanze (*room*) in cui si parla degli argomenti (*topic*) che vi possono interessare. Seguite le regole della netiquette e poi... buttatevi.

I primi programmi erano solo testuali. Ora esistono molti programmi che utilizzano elementi grafici, a volte anche tridimensionali, tra cui è possibile scegliere un personaggio (*avatar*) con cui identificarsi oltre al *nickname* (soprannome con cui si è conosciuti nel gruppo di discussione). Le **chat** permettono di colloquiare con persone lontane da voi in tempo reale. A differenza della posta elettronica, in cui lo scambio è generalmente limitato a due persone e condizionato dallo scaricare i messaggi oppure no, alle chat possono collegarsi tutti contemporaneamente, e gli aggiornamenti appaiono automaticamente sul video dei partecipanti. I **forum** sono abbastanza simili, anche se l'interazione non è esattamente a tempo reale, ma il messaggio inviato rimane visibile a lungo e tutti possono rispondere. **Comunità virtuali**, **newsgroup** e **mailing list** sono fondamentalmente tutti gruppi di persone che hanno un interesse specifico per un certo argomento e che si scambiano messaggi su quel tema. Cambiano di poco le modalità di azione: per esempio, nel caso delle mailing list si tratta di gruppi ristretti di persone che scrivono il proprio messaggio a un dato sito su un determinato argomento, i messaggi vengono raccolti e poi giornalmente spediti per posta elettronica a tutti i partecipanti che ricevono in una volta sola commenti, frasi e risposte.

Per partecipare ai gruppi di discussione non è sufficiente il collegamento a Internet, ma è necessario un accesso a un news server, perché l'interazione si svolge direttamente sul sito. Le comunità virtuali si creano senza la specifica idea di chiacchierare ma spesso svolgono altre attività, tipo i giochi di ruolo, e quindi esistono regole meno rigide di comportamento.

In caccia

Entrando nello specifico, vediamo qualche consiglio per approcciarsi al gruppo nel migliore dei modi. Quando entrate in contatto con il mondo di Internet per chiacchierare, dovete generalmente scegliervi un **soprannome (nickname)** e dare un breve profilo di voi stessi a disposizione di chi interloquisce con voi. E qui è necessaria la prima pausa di riflessione. In un mondo che si nutre di parole e niente più, il soprannome sostituisce il colpo d'occhio. La scelta che operate in proposito è un po' la prima apparenza, il vestito che avete indosso, l'impressione che volete fare. I nomi che si trovano in rete sono dai – rari – normalissimi nomi propri (non necessariamente veri) ai più fantasiosi appellativi, scelti dai fumetti, dai cartoni animati, dalla mitologia, dal cinema. Il profilo, stilato sulla base di domande preordinate o libero, permette in sintesi di tratteggiare il personaggio che siete o che vi sentite di essere o interpretare. I **profili** servono anche per visualizzare se le persone corrispondenti sono disponibili a chattare o se sono impegnate. Alcuni programmi visualizzano volta a volta una piccola finestra descrittiva della persona con cui state chattando accanto a quella di dialogo. Fondamentale è conoscere la **netiquette**, l'etichetta della rete (Net), per non fare brutte figure ed essere tagliati fuori dalla vita sociale di Internet. Nel paragrafo che segue troverete tutte le indicazioni necessarie sulle norme e i comportamenti da seguire online. Esistono poi le cosiddette **stanze private**, finestre di dialogo in cui lo scambio si svolge solo tra due persone e dove avvengono i colloqui più riservati. In questi luoghi virtuali appartati generalmente ci si lascia andare a confidenze esplicite, dunque siate preparati a non scandalizzarvi. Concedere un appuntamento in una stanza privata è un segnale di forte disponibilità e attrazione nei confronti della persona con cui state chattando, quindi valutate bene l'opportunità di tale scelta. È pertanto intuitivo capire che chi si mostra su Internet potrebbe essere completamente diverso da come cerca di apparire. Anzi, spesso lo è, e il fascino che prova per le chat consiste proprio nella possibilità di interpretare un personaggio diverso da quello che è nella vita reale. Questo soprattutto per le donne: gli uomini sono più frequentemente in cerca di un'avventura o di una storia reali. Non stiamo assolutamente dicendo che gli uomini sono più sinceri, anzi, ma solo che sono più propensi a fare sul serio (nel senso di andare al dunque) delle donne, che generalmente vogliono solo divertirsi a recitare un personaggio, senza uscire allo scoperto. Tranne poi innamorarsi. Se dunque state cercando la vostra mezza mela, fate attenzione: gli errori si fanno anche nella vita reale, dove abbiamo molti più strumenti a disposizione per capire chi abbiamo di fronte, figuriamoci in rete, dove tutto è mistero e scambio intellettuale. Questo non significa che sia impossibile, solo che ci si deve sempre ricordare delle ampie variabili che la situazione comporta. Alcune spie verbali possono aiutarvi (ma non fare miracoli!):

Ora non spaventatevi immaginandovi moltitudini di pericolosi signori (e signore) Hide che si aggirano leccandosi i baffi per la rete, solo tenete sempre presente quanto l'anonimato e l'assoluta assenza di realtà di Internet possano favorire notevoli voli di fantasia.

Ora passiamo invece ad alcune norme di comportamento più generali.

Gentilezza. Se è una buona regola sempre e comunque, anche nella vita reale, lo è tanto più in un mondo come Internet dove tutti sono un po' nella vostra situazione e si trovano di fronte a sconosciuti senza volto né corpo. Essere gentili è sicuramente il modo migliore per fare amicizia e/o colpire al cuore qualcuno. Se la netiquette può aiutare, non è certo una Bibbia che vi può dire come moderare i toni di una discussione o come non esagerare nel gettare l'amo a distanza. Questo dipende esclusivamente da voi e dai vostri modi. Difficilmente gli altri amano essere aggrediti, anche solo da un comportamento verbale eccessivo. Siate garbati. E non solo con chi vi interessa e comincia a turbare i vostri sonni, ma anche con gli altri che chattano nella stanza.

Capacità di ascolto. La situazione è sempre la stessa: chi è seriamente alla ricerca di qualcuno, non vuole uno specchio, un registratore passivo né un presentatore di se stesso. Vuole uno scambio. Dunque sappiate dialogare. Non fate domande dirette, arrivate insieme alle cose che più vi interessano. Lasciate parlare chi avete dall'altro capo della rete e commentate pacatamente.

Pazienza. Esistono tanti squali che si muovono minacciosi, andando diretti al punto senza un minimo di grazia e senza ascoltare le persone che hanno di fronte. Sappiate aspettare, cercate di conoscere chi chatta con voi, fatelo parlare e instaurate prima una certa confidenza. Non partite in quarta con argomenti delicati come amore e sesso. C'è tempo.

Disponibilità. Non nel senso più... carnale del termine, ma in quello umano. Rispondete sempre, o almeno cercate entro i limiti di quanto vi riesce, alle domande che vi vengono rivolte da chi vi interessa, e soprattutto fatelo rapidamente. Il silenzio, in Internet, può essere schiacciante e venire interpretato come disinteresse.

Onestà. Nelle relazioni umane è sempre la carta migliore, a patto di essere sereni con se stessi. Se non lo siete, fate prima un bel corso di Yoga. Scherzi a parte, è inutile inventarvi diversi da quello che siete. Va bene scherzare un po', può starci fingervi alti, biondi e prestanti, o more intriganti dalla coscia lunga (tanto lo sanno tutti che non è vero!), ma non mentite su ciò che siete intimamente.

Delicatezza nei confronti dei vostri interlocutori. Non chiedete o cedete informazioni sulla biancheria intima indossata, semmai su quella preferita. E solo se arrivati al momento giusto, non dopo il "ciao" iniziale.

Emozioni. Cercate di esprimere quello che sentite. Non trattenetevi. Lo scambio che gli altri cercano, nonostante l'algido mezzo scelto, sono proprio i sentimenti. Se la vostra conversazione non esprime nulla a livello emotivo, rimarrete isolati.

Tenete sempre presente che le donne non amano gli "squali", mentre preferiscono essere sedotte dalla gentilezza dei tipi poetici. Questo anche perché spesso il corteggiamento fine a se stesso è proprio ciò che le donne cercano. Gli uomini invece sono più inclini ad avventure mordi-e-fuggi. Naturalmente si tratta di generalizzazioni, ma da non sottovalutare. Infine ricordatevi sempre di salutare quando fate il vostro ingresso nella stanza. Un saluto a tutti, brioso e originale, può valervi l'attenzione del vostro bene online.

La Netiquette: il galateo della rete

Per non farvi dare dei pivellini se è la prima volta che entrate in chat o che scambiate informazioni con la posta elettronica e comunque per non essere sgradevoli, è bene conoscere le regole del *savoir faire* virtuale. Una manciata di principi-base che però permettono a tutti di godere degli scambi, di creare amicizie senza infastidire gli utenti. Tali principi possono essere meglio definiti, puntualizzati o ampliati dai gestori delle singole chat. In generale comunque abbiamo raccolto da varie fonti le regole più ampie e fondamentali, valide per e-mail, chat e gruppi vari:

@ Quando si entra in un nuovo gruppo è bene **leggere** i messaggi che circolano per un po' di tempo **prima di intervenire**: in questo modo ci si rende ben conto dell'argomento e soprattutto del metodo con cui lo si tratta in quella precisa comunità. In fondo anche nella vita reale, quando si entra per la prima volta in un gruppo di persone che si conoscono da tempo si tende a studiare e capire chi sono gli altri per evitare di intervenire a sproposito. Sono anzi ben stigmatizzati dall'ironia cinematografica e letteraria i fastidiosi esempi dei nuovi introdotti che cercano di imporsi all'attenzione di tutti con discorsi fuori luogo. Non siate imbarazzanti! Allo stesso tempo, non partecipate silenziosi a lungo a una chat. Passereste per guardoni (*lurker*), ficcanaso sgraditi.

@ Quando si invia un messaggio (article) è bene cercare sempre di essere sintetici e diretti nel centrare la questione che volete esporre.

@ Quando si manda un messaggio, specificare sempre, in modo breve e significativo, l'**oggetto** (*subject*) del testo. Ciò vale soprattutto per i gruppi più affollati in cui vengono scambiati centinaia o migliaia di messaggi al giorno.

@ **Non divagare** rispetto all'argomento del *newsgroup* o della lista di distribuzione.

@ Se si risponde a un messaggio, **evidenziare i passaggi** rilevanti del messaggio originario, allo scopo di facilitare la comprensione da parte di coloro che non lo hanno letto, ma non riportare mai sistematicamente l'intero messaggio originale.

@ **Evitare**, quanto più possibile, **l'invio multiplo** del proprio messaggio verso molti gruppi diversi. Limitarsi parsimoniosamente agli utenti che sono interessati. Quando si invia un messaggio a più gruppi (*cross-posting*) evidenziare tale fatto in modo che i frequentatori incrociati lo sappiano ed evitino di leggere più volte lo stesso messaggio.

@ **Non condurre guerre di opinione** sulla rete soprattutto zitellosi battibecchi con singoli utenti: se ci sono diatribe personali, è meglio risolverle via posta elettronica in corrispondenza privata tra gli interessati. Le discussioni (*flames*) possono degenerare facilmente senza l'intermediazione del tono della voce. A volte una semplice ironia può essere raccolta come un'offesa. Evitare allo stesso modo di prendere contenziosamente le parti dell'uno o dell'altro rinfocolando il contrasto. Non è facile farsi capire, tanto più quando non ci sono supporti fisici. Questo è uno dei motivi per cui nelle chat abbondano comportamenti aggressivi. I fraintendimenti sono all'ordine del giorno. Non aggravateli.

@ **Evitare** di mandare **messaggi di prova** per verificare il funzionamento del software: a questo scopo esistono dei gruppi appositi.

@ **Non pubblicare mai**, senza l'esplicito permesso dell'autore, il **contenuto** di messaggi di posta elettronica.

@ Non pubblicare messaggi stupidi (facile a dirsi ma non a farsi!). **Leggere** sempre le **FAQ** (*Frequently Asked Questions*) relative all'argomento trattato prima di inviare nuove domande.

@ **Non inviare** tramite posta elettronica **messaggi pubblicitari**.

@ **Non essere intolleranti** con chi commette errori sintattici o grammaticali. Chi scrive è comunque tenuto a migliorare il proprio linguaggio in modo da risultare comprensibile.

@ **Non scrivere maiuscolo**. In rete, usare le lettere capitali equivale a urlare. Meglio evitare accuratamente. Per sottolineare un concetto o una parola si usa racchiudere il termine tra asterischi.

@ Si debbono utilizzare solo i caratteri ASCII compresi fra 32 e 126. Per gli italiani insomma è meglio **evitare i caratteri accentati**, che vanno sostituiti con l'apostrofo.

@ Se si fanno battute di spirito, è opportuno **aggiungere un emoticon** (vedi oltre) per aiutare chi legge a cogliere il tono scherzoso della frase. Come dicevamo prima, i fraintendimenti sono facili in assenza di altri segnali corporei.

@ Se aggiungete la vostra **firma** (*signature*) al messaggio, riportate solo le informazioni rilevanti e cercate di non superare le quattro righe.

@ La rete è utilizzata come **strumento di lavoro** da molti degli utenti. Nessuno ha tempo per leggere messaggi inutili, frivoli o di carattere personale, e dunque non di interesse generale, a meno che non sia espressamente indicato dal genere di scambio.

@ Qualunque attività che **appesantisca il traffico** sulla rete, quale per esempio il trasferimento di archivi voluminosi, deteriora il rendimento complessivo della rete. Si raccomanda pertanto di effettuare queste operazioni in orari diversi da quelli di massima operatività (per esempio di notte), tenendo presenti le eventuali differenze di fuso orario.

@ Tutto ciò che è reperibile sulla rete può essere coperto da brevetti e/o **vincoli di utilizzo** di varia natura.

Leggere sempre attentamente la documentazione di accompagnamento prima di utilizzarlo, modificarlo o re-distribuirlo in qualunque modo e sotto qualunque forma.

@ Violare la sicurezza di archivi e computer della rete, violare la privacy di altri utenti della rete, leggendo o intercettando la posta elettronica loro destinata, compromettere il funzionamento della rete con virus costituiscono dei veri e propri **crimini elettronici** e come tali sono punibili dalla legge.

Molte di queste regole hanno senso soprattutto in caso di collegamento per motivi di lavoro; comunque è buona abitudine rispettarle anche in chat, a meno di situazioni esplicitamente condiscendenti. Chi non rispetta la netiquette in chat può essere espulso dal moderatore – una sorta di vigilante che monitora i messaggi e controlla che non si consumino eccessi e sgradevolezze. La maggior parte delle chat, però, non è moderata: nonostante ciò, i visitatori scortesi vengono isolati comunque dai frequentatori, che possono in casi gravi segnalare la situazione allo staff di gestione e chiedere di negare l'accesso al fastidioso utente. In Internet vige una sorta di anarchia ordinata, un'autogestione piuttosto disciplinata nonostante manchi un'autorità centrale preposta al controllo. Almeno per quanto riguarda gli scambi tra persone adulte. In generale, la responsabilizzazione individuale è fortemente auspicata.

Rischi e pericoli online

L'ultimo argomento del paragrafo precedente ci introduce a un delicato problema: i rischi in cui si può incorrere chattando. Sono di due tipi: quelli psicologici, nel subire aggressioni verbali online, e quelli in cui si può incorrere se si decide di uscire allo scoperto con chi si è conosciuto in rete. Pur volendo essere fiduciosi e aperti, è necessario usare molta prudenza con le persone che si incontrano nei bui meandri di Internet, dove tutti possono essere tutto, chiunque qualunque cosa. Un brivido piacevole, che però per qualche lupo può trasformarsi in una furba copertura da agnello. L'anonimato garantito dalla rete concede un piacevolmente anarchico senso di libertà, un comprensibile e umano desiderio di non sentirsi costantemente classificati, inquadrati, controllati da questo mondo in cui si scambia sempre più il bisogno di protezione con l'arrendersi al grande fratello. Ma allo stesso modo la mancanza di controllo, l'assenza di riferimenti e la copertura praticamente assoluta che offre la dimensione parallera di Internet permette ai malintenzionati libertà altrimenti impossibili. E non solo a loro: «l'occasione fa l'uomo ladro», recita un vecchio adagio. Dunque, visto che i rischi sono obbiettivamente molto alti, siate sempre estremamente prudenti. Se siete coinvolti in una relazione virtuale o se comunque siete alla ricerca di una persona speciale, tenetevi continuamente impresso nella mente:

- La chat è un ambiente virtuale, in cui chi si incontra potrebbe non essere minimamente simile alla descrizione che fa di sé o a ciò che voi immaginate sia. **Non fidatevi** soprattutto di chi avete appena conosciuto, e comunque fate attenzione anche a chi vi martella da tempo.
- **Non concedete colloqui in privato** se prima non siete ben sicuri delle persone con cui state chattando e siate pronti a uscirne in caso di puzza di bruciato. Anche l'aggressività verbale, l'indiscrezione e la volgarità possono ferire.
- **Non aprite documenti** o materiale inviato da sconosciuti o da persone poco note. Potrebbero contenere virus o spam.
- **Segnalate** al moderatore o ai gestori abusi o comportamenti importuni.

Se il client che avete ve lo permette, cliccate sul pulsante apposito per **ignorare gli utenti fastidiosi** evitando di riceverne i messaggi.

Non divulgate i vostri dati personali. Non date numeri di telefono, indirizzi e-mail o altre informazioni personali relative al lavoro, alla scuola che frequentate, alla vostra famiglia. Se proprio decidete di farlo, pensateci molto bene prima. Magari consultatevi con un familiare o con un amico. Gli sconosciuti che si mascherano dietro a un soprannome amichevole possono essere anche molto pericolosi.

Se vi si prospetta un appuntamento dal vivo, **informate** sempre un amico o un familiare di questa nuova conoscenza e del fatto che state per incontrare la persona conosciuta in rete. Fissate l'appuntamento in un **luogo pubblico** ben frequentato, di giorno, e studiate bene il vostro interlocutore, per diversi appuntamenti prima di seguirlo in luoghi appartati.

Ricordate che Internet **amplifica le sensazioni**. La velocità con cui tutto accade, con cui si possono trovare una spalla su cui piangere e un amico con cui condividere gusti e passioni, può far sembrare magico e segnato dal destino un incontro che invece magari è solo frutto di furbizia. Attenti a non sottovalutare la cassa di risonanza degli ambienti virtuali. Ciò che in rete può sembrarvi sensazionale dal vivo potrebbe deludervi molto. Questo non significa che le chat siano uno strumento demoniaco da cui tenersi accuratamente alla larga, solo che è necessaria molta prudenza nell'approccio. L'anonimato della rete protegge voi ma anche chi vi contatta. Siate molto attenti a non correre rischi inutili.

Lettere d'amore in bit

Lo sviluppo della tecnologia informatica e della rete hanno permesso di rispolverare, sotto nuove spoglie, una vecchia, romantica abitudine: quella degli scambi epistolari. Varia lo strumento, è differente la velocità, diverse le modalità, ma i contenuti sono sempre quelli. Il piacere di mettere "su video" le parole che altrimenti difficilmente riuscirebbero a uscire dalla bocca ha permesso a molti amori di sbocciare e maturare. Distanze chilometriche, un tempo inevitabilmente presagio di sventura per una relazione, ora sono meno problematiche grazie agli scambi che si possono avere per posta elettronica. Scrivere è molto diverso dal parlarsi, anche per telefono. La calma che concede l'essere soli con i propri pensieri anziché di fronte agli occhi di chi si ama ci permette di osare invece che tremare. Allo stesso modo, l'attesa spasmodica di notizie, che devono patire i lunghi tempi di spedizione prima di arrivare, rende la posta normale decisamente più fastidiosa e meno conciliante dell'e-mail. La parola scritta richiede, comunque, una maggiore attenzione, una capacità sottile di trasmettere le proprie sensazioni ed emozioni, non facile da praticare. Al di là di una sorta di codice che inevitabilmente si stabilisce tra innamorati e che distingue le loro parole tra mille, esistono alcuni consigli utili per riuscire a comunicare ciò che si prova anche attraverso la parola scritta e senza l'ausilio della mimica facciale, del corpo, del tono di voce. Vediamo quali.

Accorgimenti e attrezzi

Scrivere bene. Coraggio, tirate fuori la vena narrativa che c'è in voi, lasciate fluire le mani sulla tastiera e non temete di apparire eccessivi. Leggete tanto, una gran fonte di ispirazione. In fondo se non va bene, basta un tasto per cancellare. Buttatevi e provate fino a che non vi convince quello che appare a video. Non sottovalutate il mezzo. È vero che la posta elettronica incoraggia a una comunicazione veloce e informale, ma "scripta manent", anche su computer! Dunque usare qualche espediente e curare l'esposizione sono ottimi sistemi per conquistare a fondo il cuore amato.

Utilizzare figure retoriche. Quelle famose bestie nere che nella memoria scolastica si confondono con le terzine dantesche non sono strumenti di tortura per gli studenti, ma effettivi ferri del mestiere dello scrittore. Se avete letto tanto e vi vengono spontaneamente, senza che ve ne accorgiate, tanto meglio. Altrimenti ricordatevi delle principali (per la gioia della vostra maestra che vi dava di zucconi – ah, cosa fa fare l'amore!):

- La similitudine e il paragone: chiariscono un concetto, un'emozione, un sentimento, paragonandoli a esperienze concrete, oppure mettono a confronto elementi diversi: «mi dai gioia come una giornata di sole».
- La metafora: è una sorta di paragone abbreviato, in cui il secondo termine assume un ruolo più importante rispetto al primo o lo sostituisce del tutto: «sei il mio sole».
- L'iperbole: il paragone punta ora all'esagerazione. È una figura retorica particolarmente adatta a un linguaggio passionale: «quando sono con te sono in paradiso».
- La sinestesia: è l'unione in un'unica espressione di parole che comunicano sensazioni diverse (uditive e visive, gustative e tattili). «Hai il sapore dei croissant appe-

na sfornati (sensazione gustativa) nel deserto senza oasi della vita (sensazione visiva)».

L'antonomasia: si attribuisce a una persona comune il nome di un personaggio celebre così da trasferirgli, a volte ironicamente, le stesse caratteristiche: «sono la tua Paperina».

L'allitterazione: è la ripetizione degli stessi "suoni" nel corso di una frase. Riesce a rendere più "musicale" un messaggio: «Abbatterò queste orribili barriere che ci rendono orbi».

La ripetizione: volutamente si ricorre alla ripetizione di un nome, di un verbo, di un'espressione. Serve per richiamare l'attenzione di chi riceve il messaggio: «Ti amo di giorno, ti amo di notte, ti amo quando mangio un gelato, ti amo quando ascolto la radio».

Impiegate i gradevoli mezzi che la tecnologia vi offre. Colori, caratteri particolari, disegni, sfondi variopinti possono rendere più gradevole la lettura e più simpatico l'approccio all'arido mezzo informatico.

Sfruttate la possibilità di inviare materiali. Fotografie vostre, insieme o da soli, immagini gradevoli trovate su Internet, mazzi di fiori virtuali e strisce comiche allegate al messaggio, rumore di baci inviati in *attach* faranno il piacere di chi li riceve e distraggono da una ortografia non proprio impeccabile.

Badate alla costruzione.

Si inizia sempre con un saluto affettuoso: topolotto, tesoro, trottolino amoroso, cavallettona – sceglìete voi quello che preferite e lo stile che vi contraddistingue, oppure il soprannome che siete abituati a usare tra di voi, ma non saltate i convenevoli. La fretta ci assilla sempre, in ogni minuto della nostra giornata lavorativa ci rincorre, almeno quando scrivete con il cuore, dimenticate l'orologio.

Si prosegue con il nocciolo della comunicazione. Se proprio vi sentite impacciati, potete inserire immediatamente una bella citazione che esprima il vostro stato d'animo. Meglio però sarebbe scrivere qualcosa di personale per proseguire nell'atmosfera affettuosa dell'esordio. Raccontate poi quello che fate, ricordando sempre che la velocità dello scambio permette di entrare nei particolari, di dettagliare le vostre sensazioni (nell'ambito di un mega...). Se è la prima mail dopo che vi siete conosciuti, un buon argomento può essere il vostro primo incontro, come avete notato l'altro e le emozioni che ha suscitato in voi (irritazione, concupiscenza, allegria, fastidio). Se è l'ultima, cercate di essere signorili e ricordate i momenti belli passati insieme, evitate i sensi di colpa e non dilungatevi troppo.

✎ Si conclude, sempre con eleganza. Dai più fantasiosi «non vedo l'ora di rivederti» e «mi manchi», ai meno sobri «ti strizzo tutti i brufoli» e «pendo dal tuo server», fino ai sempreverdi «ti amo» e «ti bacio»: comunque è bene definire il saluto.

Modelli ed espedienti

Infine, se proprio siete disperati, ecco alcuni modelli da utilizzare per ispirare la vostra mano. Ricordate sempre di rielaborare originalmente le proposte che trovate, e che ognuno ha il suo stile. Anche solo due parole scritte da voi sono meglio di un intero poema di qualcun altro. Ricordatevi di Cyrano! Ad ogni buon conto...

T'amo!

Un buon espediente in questi casi per accattivarsi chi legge è dichiarare la propria sincerità, svelando di aver avuto la tentazione di utilizzare una classica tecnica di corteggiamento (lasciare l'altro in attesa, non facendosi sentire per un po'), ma di avervi rinunciato per essere più autentici. Le parole "Ti amo" sono eterne e si possono scrivere direttamente, senza troppi giri di parole, oppure rinfrescandole con un vestito nuovo. Per esempio dichiarando che in questa occasione pare di pronunciarle per la prima volta.

Carissimo xxxx,
non ce la faccio più. Ho cercato di far finta di nulla, di negarmelo, di distrarmi, di non incontrarti più. Non so se hai notato che la settimana scorsa non sono mai venuta dalle tue parti. Ma non riesco a farti uscire dalla mia mente e soprattutto dal mio cuore. Ho deciso di essere sincera, non mi importa cosa risponderai - o meglio, mi importa moltissimo ma non posso farmi condizionare dalla paura.

Ho deciso di confessarti quello che sento per te, perché se no esplodo! Preferisco dover accettare un due di picche piuttosto che stare così male e rodermi di dubbi. Insomma, hai capito: mi sono innamorata di te (l'ho scritto, ce l'ho fatta)!
E poi non dite che noi donne aspettiamo sempre che facciate voi il primo passo. Ora non ti fare strane storie e rispondimi serenamente. Però fammi sapere cosa provi tu, altrimenti vengo a suonarti al citofono!
tua xxxxx

Ciao xxxxx,
come va? Stai bene? Io no. Ho lo stomaco arrotolato in gola da un po'. E indovina qual è il motivo? Esatto! Tu! Meno male che esiste la posta elettronica, non sarei mai riuscito a dirtelo direttamente. Comunque ora spero ti sia chiaro. Mi sono innamorato di te e non riesco a fare nient'altro che pensarti. Tutto questo sta cominciando a infastidire i miei professori... vogliamo trovare una soluzione insieme? Se mi rispondi di no, non ci sono problemi. Hai

solo stroncato la carriera a un possibile brillante astrofisico. Pazienza, in fondo anche passare la vita a ricordare le stelle dei tuoi occhi può valere la pena. Ora smetto per non diventare troppo melenso. Comunque tra tutti gli scherzi una cosa è seria:
ti amo.
tuo xxxxxx

Ci si vede

Si tratta di inchiodare nell'angolo chi vi deve concedere l'appuntamento. Si sa, la cosa più difficile è accettare un rifiuto, in questi casi. Dunque il segreto sta nel chiedere senza farlo vedere esplicitamente. Come sempre, la carta dell'ironia può essere un buon modo di sdrammatizzare.

Cara xxxxx
non insistere. Ho detto che non posso proprio rinunciare a uscire con te domani. So che tu vorresti il contrario e lo sai quanto mi piacerebbe accontentarti. Farei di tutto per te. Ma davvero, stavolta non posso cedere. È per il tuo bene. Sai quanto ti aiuti

stare in mia compagnia. Ti migliora il colorito, l'umore, per i polmoni è un toccasana. Sono un altruista, te ne renderai conto, tutto questo mio interessamento è dettato dalla più sincera generosità d'animo. Fosse per me, starei volentieri a casa con le tapparelle abbassate a piangere tutte le mie lacrime. Ma questo sforzo si trasforma per me in piacere se penso al giovamento che ti arreca.
Allora a domani!
il tuo benefattore xxxxx

Ciao xxxxx,
ho letto quello che mi hai scritto e non riesco a capirlo. Ho bisogno di vederti per parlarne insieme. Cosa temi, scenate, urla, pianti? Non ti preoccupare, non lo farò. Voglio solo che tu mi guardi negli occhi mentre me lo dici. E voglio anche qualche spiegazione. Non essere vile, io non sarò fastidiosa. Ma almeno concedimi dei chiarimenti di persona. Credo che sia il minimo. Ti aspetto domani al solito locale, se non ti vedo ti vengo a cercare, anche a casa, per-

ché ritengo una mancanza di rispetto insopportabile non avere la possibilità di parlarti. La decisione è tua e la posso accettare. Ma abbi il coraggio di sostenerla guardandomi in faccia.
un tempo tua xxxxx

The day after

Le parole che ci si scambia dopo la prima sera possono essere un po' imbarazzate. La mail offre un ottimo sostegno, permettendo di contattare l'altra persona in modo discreto.

Cara xxxx
hai passato una buona notte? Beata te! Io mi sono sentito tutto il tempo come sulle montagne russe di Disneyworld. E pensare che non ci sono mai stato! Forse sarà dipeso da te? Ho un forte sospetto. Il mio approccio analitico mi impone di ripetere l'esperimento per accertarmi scientificamente delle cause. Lo devo al mondo. Del resto ho sempre adorato i brividi. Fatti sentire
tuo felice e assonnato xxxxxx

Per cortesia, puoi?

Un buon metodo per chiedere qualcosa è stabilire un'intesa. Per esempio, dichiararsi disposti in prima persona ad assumere l'atteggiamento che si sollecita nell'altro.

Scrivimi!

Lo so che non ti senti a tuo agio con le parole, che preferisci il telefono, ma io invece lo detesto! Quando sento la tua voce mi emoziono e vado in confusione. Poi appendo la cornetta e faccio uno sforzo tremendo per ricordare tutto. Mi piace invece leggere le tue parole più volte. Che mi importa se non sei un poeta? Voglio solo sapere come stai e cosa fai. Butta giù due righe, ogni tanto. Mi manchi un sacco

xxxxx

Perdono, perdono, perdoooono!

Molto spesso "la colpa", grave o lieve, di cui si chiede perdono, è il risultato di un'incomprensione fra gli amanti ed è quindi opportuno innanzitutto chiarire la propria posizione. Nel momento in cui si danno spiegazioni di un comportamento sbagliato, è bene approfittarne per spiegare come si è, per farsi conoscere meglio, e trasformare un'occasione negativa in un approfondimento del rapporto con l'altro. Chiedere pazienza e comprensione, confessando i propri limiti, è sempre un buon modo per suscitare condiscendenza.

Scusami. So che sono stato imperdonabile. Lasciarti al tavolo da sola tutto quel tempo per parlare di lavoro è stato davvero sgradevole. Mi dispiace tantissimo. Volevo che fosse una serata da soli io e te, ma questo lavoro riesce sempre a intromettersi. Sai che sei la cosa più importante che ho. Soltanto, quello che faccio mi appassiona. Non so se puoi capire. Ma io ci tengo molto, non tanto per una questione di carriera, ma proprio perché fare questo mestiere è sempre stato il sogno della mia vita. Mi dispiace, non accadrà mai più. Ma tu abbi pazienza, e cerca di capirmi. Cercherò di farmi perdonare stasera!
Ti amo xxxxx

Ho pianto tutta la notte e non lo dico per suscitare la tua pietà - o forse sì, sono disperata. Ho sciupato tutto, mi sento una stupida. Ti giuro, è stata una sciocchezza, non è successo granché e non sono certo innamorata di lui. Perdonami, ti prego. E comunque, non so se riuscirò a farlo io, a perdonare me stessa per il dolore che ti sto procurando. Ero confusa, è stato un attimo. A volte è così difficile capire bene ciò che vogliamo, mantenere le distanze. Sei tu la persona più importante per me e non so che cosa darei per ritornare indietro, per cancellare tutto quello che è successo. Sta a te decidere, sta a te perdonare... io ora posso solo dirti che i miei sentimenti nei tuoi confronti non sono mai cambiati e che se mi darai una seconda possibilità non accadrà mai più nulla, e non dovrai mai soffrire per me.
xxxx

La lontananza sai, è come il vento

La tecnologia accorcia le distanze ma non può annullare i timori che umanamente albergano nei cuori degli

amanti distanti. Dimostratevi allora costantemente interessati e disponibili ad accettare i cambiamenti che naturalmente avvengono nella persona amata e che con la lontananza possono risultare amplificati.
Non mettete mai in primo piano la propria sofferenza e non insistete troppo sulle vostre difficoltà.
Rassicurate l'altro, se si teme per la sopravvivenza di un rapporto, che non si è personalmente in dubbio sui propri sentimenti.

Tesoro,
sono passate le tre di notte, sono appena rientrata da un'interminabile cena, ma non posso andare a dormire senza aver parlato un po' con te prima. Telefonarti è impossibile a quest'ora senza che i tuoi mi uccidano e senza tramutarti in uno zombie domattina, ma mi manchi da morire e voglio che tu lo sappia. Non vedo l'ora di tornare da te! È tutto nuovo qui, tutto elettrizzante, ma non sono più abituata a guardare con i miei soli occhi (che per la verità sono anche miopi) e me ne vado in giro come sperduta,

incapace di godere completamente di quello che mi sta intorno. Raccontartelo è difficile, le parole non bastano, ma so che tu conosci bene quello che sento. Sono curiosa di vederti con il nuovo taglio di capelli, sono sicura che sei bellissimo!
Buona giornata (quando mi leggerai), ti abbraccio
xxxxx

Cara xxxxx,
scusa il ritardo con cui ti scrivo. Sono stati tre giorni da incubo; anche se me lo avevano detto non credevo che sarebbe stato così difficile. Il lavoro nuovo è molto impegnativo e arrivo a casa la sera tardi, distrutto. Non è per quelli che ho trovato qui (sono tutti ragazzi come me, alcuni anche simpatici), ma la novità e il dover imparare un sacco di cose nuove rapidamente mi sfinisce. Mi manchi molto. Pochi mesi, dicono tutti, è vero, e poi tutto sarà la norma, eppure l'altra notte mi è venuto il panico. E poi dovresti vedermi infilato in questi abiti, sembro un pinguino. Mi sono dovuto anche tagliare i capelli

modello spaventapasseri. Ti piacerò anche così? Scrivimi spesso, anche se non sempre ti rispondo immediatamente. Le tue parole sono meglio di qualunque altra cosa per ridarmi il respiro. Comunque ora prometto che risponderò sempre rapidamente.
tuo xxxx

Furor di gelosia

Se siete eccessivamente gelosi – oltre a cercare di moderarvi e di ragionare – trinceratevi dietro la migliore delle scuse: ribadire che la non-gelosia sarebbe prova di non-amore. Provocazioni come questa trovano in genere facile breccia nel cuore della persona amata. Tranne che in casi palesi. In tal caso, siate diretti, è la cosa migliore.

xxxxx,
te lo dico per scritto, perché è più facile per me ammettere così che sono gelosa. Non riesco a parlartene. Tante volte ho tentato di convincermi che le attenzioni e gli scherzini che riservi per la mia amica facciano parte del 'nostro' amore, perché tu ami

tutto ciò che amo io. Ma l'altra sera mi pare proprio che abbiate esagerato. Non credo di essere esagerata. Voglio una spiegazione, voglio che tu sia sincero. Non sopporto di sentirmi così, di sospettarti e di sentirmi ossessiva. Sii sincero, starò comunque meglio. E deciditi.

xxxxxx

xxxxx,

occorre che ti definisca gli elementi del quadro? Mi hai chiamato per dirmi che saresti dovuto restare in ufficio oltre l'ora di cena, perché il lavoro deve essere improrogabilmente pronto per domani. Ti ho chiamato al tuo numero diretto... e non ha risposto nessuno. Ho fatto e rifatto il numero fino a mezzanotte, poi ho deciso che era un accanimento stupido. La prima, la seconda, la terza volta potevi essere uscito per mangiare un panino o bere un caffè, ma poi... Adesso è l'una e sono sul punto di andare a dormire. Dormire? Con questa mail, che probabilmente leggerai domattina, non voglio suscitare in te sensi di colpa per la mia molto probabile insonnia, ma comunicarti una cosa che peserà molto, credo, nel nostro futuro: se fosse stata la prima volta non ti avrei mai cercato, perché la mia fiducia in te era assoluta. Era.

xxxxxxx

Riconquista

Un modo per tentare di riconquistare l'amato, se in qualche modo lo si è fatto soffrire, è dichiararsi meritevoli dell'abbandono, umiliandosi di fronte alla persona amata (entro i limiti di decenza!). Cenere in testa e ceci sotto le ginocchia a volte funzionano – ma non è garantito.

xxxxx,

hai ragione, sono stata un disastro. Ti ho trascurato, ti ho fatto sentire inutile, ti ho tenuto fuori dalla mia vita. Ti chiedo perdono. Per paura di soffrire ho negato anche a me stessa che tu fossi importante. E ora ho paura che sia troppo tardi. Comunque ti dovevo queste parole. Ti amo, per sempre xxxxxx

Cara xxxx,
ho trovato su una bancarella, al mercatino dell'usato di domenica un libretto molto carino. È una raccolta di lettere che Ovidio immagina abbiano scritto delle donne abbandonate e, leggendolo, ho pensato che queste donne tu le hai, almeno in parte, vendicate. Te lo consiglio: il poeta latino è molto più abile di me nel far capire come si soffre in questi casi. Non ti voglio far sentire in colpa, solo farti capire che io sono qui e una parola, una nuova possibilità potrebbero rivoluzionare la mia vita.
tuo per sempre xxxxx

Ognun per sé, Dio per tutti

Dire addio non è mai facile, nemmeno se ci si lascia in amicizia. Per rendere la cosa meno dolorosa può aiutare leggere l'evento come dettato da un destino superiore, anche se al momento incomprensibile, per il bene di entrambi.

«Si vede che era destino» direbbe mia nonna, e la mia nonna era una donna saggia. Vorrei esserlo

anch'io, rassegnarmi senza troppo soffrire alla decisione che abbiamo preso insieme, riuscire a ricordare i momenti belli che abbiamo condiviso ed esserti amica. Con il tuo aiuto credo di potercela fare. Proprio per questo motivo, e per tutto quanto di speciale abbiamo condiviso, il mio addio è anche un grazie. Non essere triste, e continua a volermi bene come te ne voglio io. Ci capiterà forse di raccontare la nostra storia ai figli che avremo in futuro, anche se non insieme: potremo dire loro che l'amore è complicato, a volte doloroso, ma ne vale sempre la pena.
Con affetto xxxxxx

Gli emoticons: il nuovo alfabeto dell'amore

La velocità di comunicazione elettronica, si tratti di mail, di chat o simili, è un nodo centrale della nuova scrittura e influisce moltissimo sullo stile che si adotta. Inoltre, l'impossibilità di vedersi rende complicata l'interpretazione degli atteggiamenti. Una stessa frase detta con ironia o seriamente cambia completamente di significato. L'ironia o la serietà sono però appunto espressioni vocali, di mimica facciale, tutte modalità escluse dalla rete, a meno di non avere una webcam. È per questo che i cybernauti hanno definito uno strumento prezioso per immediatezza ed efficacia comunicativa: gli emoticons. Dalla fusione delle due parole inglesi emotion e icon – emozione e icona –, chiamati anche smiley o faccine, sono semplicemente – ma genialmente – segni di interpunzione accostati in modo da formare, se guardati inclinando la testa di 90° a sinistra, stilizzazioni di espressioni facciali (dopo un po' di pratica non è più necessario farsi venire il torcicollo). Qui ne abbiamo selezionati alcuni, tra i più utili.

:-)	Sorriso classico
:)	Sorriso (abbreviazione)
:-}	Sorriso voglioso
:-,	Sorriso furbo
;-)	Sorriso ammiccante
:-D	Risata
I-)	Eh eh eh (risatina)
I-D	Oh oh oh (risata piena)
:->	Divertito /sarcastico
:-))	Molto felice
8-]	«Wow!»
:-*	Bacio
:*	Bacio variazione
:**:	Bacio ricambiato
@—>—>-	Una rosa
12x@>—->—-	Una dozzina di rose
:-P	Linguaccia
:-X	«Le mie labbra sono cucite»
:-&	Ammutolito
:-@	«Sto urlando»

:-|| Arrabbiato

>-< Furioso

>>:-<< Inviperito

:-/ Indecisione/ scetticismo

:-S Poco convinto

:-? «Non capisco»

%-) Confusione

:-C Meraviglia

:-o Stupore

(:-O Molta sorpresa

=:-o Faccia scioccata come in «COSA hai detto?!»

:-(Triste

:-| Indifferente

:-< Deluso

:'(Piange

:,(Pianto variazione

:°-(Piange tantissimo

:~) In lacrime

(:- «C'è poco da ridere»

>;-> Diabolico ammiccante

<table>
<tr><td>>-></td><td>Diavolo ammiccante</td></tr>
<tr><td>>-)</td><td>Occhiolino diabolico</td></tr>
<tr><td>>:)</td><td>Piccolo diavolo</td></tr>
<tr><td>O:-)</td><td>Sorriso angelico</td></tr>
<tr><td>~~:-[</td><td>Polemico</td></tr>
<tr><td>]:-)</td><td>Cornuto e felice</td></tr>
<tr><td>%-}</td><td>Spiritoso</td></tr>
<tr><td>:( )</td><td>Chiacchierone</td></tr>
<tr><td>8-[</td><td>Esaurito mentalmente</td></tr>
<tr><td>:-6</td><td>Esaurito fisicamente</td></tr>
<tr><td>|-)</td><td>Addormentato</td></tr>
<tr><td>X-(</td><td>Morto</td></tr>
<tr><td>:^)</td><td>Piccola bugia</td></tr>
<tr><td>:—-)</td><td>Grossa bugia</td></tr>
<tr><td>>-</td><td>Donna</td></tr>
<tr><td>:-</td><td>Uomo</td></tr>
<tr><td>+<||-)</td><td>Cavaliere</td></tr>
<tr><td>*.o)</td><td>Pagliaccio</td></tr>
<tr><td>(:|</td><td>Intellettuale</td></tr>
<tr><td>-=#:-)</td><td>Mago</td></tr>
</table>

Di nuova generazione, gli emoticons orizzontali permettono una postura corretta anche ai novellini.

^_^	Sorriso
^___^	Grandissimo sorriso
0^_^0	«Sono tutt'orecchi»
(o)_(o)	«Che cosa??!»
^_~	Occhiolino
-_-	«Dormo»
?_?	«Boh»

Infine i simboli:

()	Abbracci: in mezzo scrivere il nome della persona
(( )):**	Abbracci e baci
((()))	Molti abbracci
<>	Fare l'amore
8	Infinito
(::()::)	Cerotto, cerco conforto
*	Bacio
/\/\/\	Risata

L'amore corre sul filo... del telefono

Quando il telefono si innamora

Non riguarda l'uso tradizionale del telefono. Niente voce tremante, niente silenzi imbarazzanti, niente parole sbagliate. Intendiamo invece gli SMS, quella piccola bustina d'allegria (o di dolore!) che si materializza a sorpresa vibrando sullo schermo del telefonino. Uno strumento prezioso, amato praticamente da tutti i possessori di telefoni cellulari, che hanno sviluppato con piacere una nuova funzione del pollice opponibile, quella di schiacciare i tasti del cellulare – spesso più e più volte, alla ricerca disperata di quel maledetto punto interrogativo, introvabile peggio del santo Graal. Un uso improprio del mezzo, il telefono, che dovrebbe servire per trasmissioni vocali, ma è sempre più impiegato per invii differenti. Soprattutto di questi *Short Messages* (con *Service* l'acronimo è completo), che consentono di comunicare per scritto anche cose che non si avrebbe il coraggio di pronunciare a voce. Il meccanismo è praticamente lo stesso della posta elettronica, con la differenza che l'apparecchiatura sta tutta in una mano. Senza peso e senza vincoli spaziotemporali: due vantaggi rispetto a Internet che sono controbilanciati da alcuni limiti, principalmente la scomodità della digitazione e la ridotta quantità di caratteri a disposizione (generalmente 160). Si dice che gli SMS appartengano alla generazione degli apparecchi nomadi: strumenti che servono a riempire i tempi morti degli spostamenti. In realtà il loro ruolo è sempre più invasivo dei tempi già pienotti di per sé: provate a chiedere agli insegnanti come devono combattere contro l'abitudine degli studenti di scambiarsi messaggi invece di ascoltare le lezioni, per non parlare degli impiegati in ufficio, e via discorrendo. Varie sono le condizioni, oltre alla mobilità, che lo rendono tanto appetibile. A parte l'iniziale fascino della minor spesa rispetto alla telefonata, ora i messaggini sono amati soprattutto per quelle caratteristiche di discrezione e privacy che consentono. L'SMS è silenzioso, virtù intrinseca della parola scritta, e si può quindi consumare in modo molto riservato anche nel più pubblico dei luoghi. Regala un piccolo brivido di sorpresa se giunge inaspettato, di attesa se si tratta di una risposta. Consente di mantenere una distanza di sicurezza che, soprattutto nei rapporti amorosi, può essere utile per non farsi inondare di tremiti e trovare invece il modo giusto di dire le cose. Non è invadente come una telefonata: il suo arrivo è annunciato da un piccolo trillo o da una rapida vibrazione, ma non è necessario rispondere immediatamente. Anzi, non è necessario – anche se sarebbe apprezzato – rispondere affatto. È un invio aperto; complice il fatto di non sapere con certezza se la comunicazione è giunta a buon fine, è possibile evitare di rispondere se ciò crea fastidio o imbarazzo. Allo stesso modo non obbliga né alla tempestività di risposta, né all'esclusiva, visto che si può essere tranquillamente impegnati in altre attività più o meno ludiche mentre si aggeggia con il telefono. Infine, i messaggini costituiscono un'affascinante mistura di compiutezza e leggerezza. È vero che, come dicevano gli antichi padri, "verba volant, scripta manent", ma gli SMS sono un po' l'uno, un po' l'altro, sono parole scritte ma su un supporto che mal si presta alla conservazione. La memoria dei telefonini è breve, gli archivi generalmente limitati a pochi messaggi. Difficile trovare qualcuno abbastanza meticoloso da trascriverseli, oppure inviarli a questi nuovi siti di "parcheggio" dei messaggi per poi ripescarseli su web. Fondamentalmente quindi sono una parola scritta di passaggio, una via di mezzo tra la dichiarazione orale e l'antica lettera di carta. Per gli innamorati sono uno strumento d'elezione. In ogni momento, in qualunque luogo, quando le parole "ti amo" affiorano alla mente ma non si vuole o non si può dirle a voce, l'SMS corre in aiuto come un messaggero degli dei, e le sue ali volano a consegnare la missiva d'amore per la modica cifra di 12 centesimi di euro, virgola più virgola meno a seconda dei gestori. Lo *short message* ci salva anche all'estero, quando mancano il famoso "campo" o le condizioni contrattuali per fare una telefonata: generalmente i messaggini riescono a eludere simili barriere. I nostri piccoli cupidi su nanopixel trasportano il nostro trasporto rapidamente, confidenzialmente ed efficacemente. Ma è sempre un piacere questo scambio?

SMS: gioie e dolori dei messaggini

Come tutto ciò che ci permette di comunicare con l'amato/a, anche i messaggini di testo presentano la celebre lama a doppio taglio. Se da un lato una bustina sul video può fare felici, dall'altro può portare cattive notizie, o peggio, non portarne affatto. Vediamo in cosa consistono esattamente le due lame e come affilarle.

Gioie

Ricevere **tanti messaggini** è ormai un modo di distinguersi dai tristoni cui non trilla mai il cellulare. Una sorta di *status symbol* dell'amore, la spilletta al valore dell'attenzione altrui. Se farete trillare il telefono in continuazione per chiamarla e ripeterle quanto la amate, passerete per appiccicosi, invadenti e noiosi. Ma volete mettere invece tempestarla con dieci SMS di fila su cui scrivete una parola ogni messaggio, fino a comporre una dolcissima dichiarazione d'amore? Allo stesso modo non potete interromperlo sul lavoro chiamandolo per dirgli le frasi più tenere, ma far fremere di piacere la sua scrivania, grazie al vibracall che ha inserito e che entra in azione ogni volta che gli inviate un messaggio, rende invidioso anche il capufficio. Oltre al ruolo sociale, esteriore dell'SMS, è soprattutto quello privato che affascina.

È bello, nonostante si sia appena conclusa la comunicazione con il proprio grande amore, ricevere immediatamente un messaggino che **riconferma** la passione che vi lega. Il messaggio è dello stesso interlocutore di prima, s'intende. Ora poi le possibilità di **animazione** e interattività sono innumerevoli, grazie a siti Internet specializzati nel fornire immagini, suoni, dediche particolari. Fate sempre attenzione che la persona a cui spedite la vostra trovata abbia un telefono adatto a leggerla e soprattutto che l'invio non sia a carico di chi riceve. Volete mettere cosa vuol dire godere di un piatto di spaghetti bollente in microschermo piuttosto che di un banale "butta la pasta, sto arrivando"? Senza contare le migliorate possibilità di gestione di **storie parallele**, evitando una volta per tutte la famosa telefonata del dottore. Un semplice messaggino con ora e luogo, e la tresca è assicurata. Poi, rimane solo la vostra coscienza (se ne avete una).

Dolori

Certo, bisogna fare attenzione: se passate le vostre **ore** con lei con il pollice conficcato tra i tasti a digitare come forsennati con il vostro amico del cuore sugli ultimi risultati di Cipollini – perché non volete disturbare l'atmosfera romantica con telefonate fuori luogo – potreste urtare molto di meno la sua sensibilità con una rapida e indolore chiamata di aggiornamenti ciclistici.

Ma soprattutto attenzione a quando scrivete, a quanto e al come. La **lettura tra le righe** di un SMS è quanto di più doloroso e rischioso possa accadere tra due innamorati.

☎ Se non utilizzate tutta la potenza logistica del vostro cellulare, se il vostro messaggio d'amore si esaurisce sui settanta caratteri, potreste far dubitare l'altro della sincerità del vostro sentimento: «Ma come, non ha abbastanza argomenti per usare tutti e centosessanta i caratteri?». Ci rendiamo conto che è un po' sommaria come definizione, ma pare ormai assodato che una giovane coppia non possa utilizzare meno di centotrenta/centoquaranta di caratteri a messaggio, una coppia di qualche anno si può accontentare di un centinaio di battute, se siete scesi a quaranta/cinquanta vuol dire che state per festeggiare le nozze d'argento.

☎ Se non rispondete immediatamente al richiamo tubante, la vostra piccioncina potrebbe impensierirsi: «Ma come, non mi ama abbastanza da interrompere qualunque attività per rispondermi?». Dunque, velocità zero alla risposta è pari a una settimana insieme, velocità 1 (entro la mezzora) è pari a un mese, velocità 2 (in giornata) è una storia consolidata, assenza di velocità siete sposati.

☎ Infine attenti alla grammatica: esistono ancora alcune anime belle che si infastidiscono nel leggere po' con l'accento e hanno senz'acca. Per un ripassino finale, scienza e coscienza con la i, grazie.

Non sottovalutate il problema della risposta. È una delle torture peggiori a cui l'innamorato tecnologico può essere sottoposto. Se è vero che l'SMS lascia molti spazi aperti alla copertura (giuro, non mi è arrivato! – non riuscivo a rispondere, non c'era campo), pensate a chi sta aspettando. La tensione spasmodica di un segnale dell'altro è pari al "mi telefoni o no" della Nannini, una sofferenza al veleno. Molti adottano la tecnica del controllo costante, per paura di non avvertire il piccolo avviso di arrivo, e vanno ovunque con il telefonino in mano, anche in bagno. Altri lo mettono vicino al computer per poter indovinare dalle vibrazioni sullo schermo l'imminente arrivo di un SMS. Ultima notazione: non rimanete delusi se il vostro partner non risponde a un messaggio con una telefonata. A SMS si replica con SMS. Se volete sentire la sua voce, telefonate. È una regola non detta ma consolidata dall'uso: a parte casi molto gravi (se lo lasciate per SMS è probabile che vi richiami per chiedere spiegazioni maggiori nel modo più rapido possibile) o archeologie tecnologiche.

Un nuovo linguaggio

La quantità limitata dei caratteri utilizzabili in un messaggio e/o la velocità di interrelazione stanno sviluppando tra gli utilizzatori di SMS – ma anche di Internet in generale – una nuova forma di scrittura sintetica, accanto al vocabolario tradizionale del paese di appartenenza. Questa sorta di lessico da fiscalisti si basa sul concetto di riduzione all'essenziale non solo del messaggio, ma anche delle lettere impiegate per far capire quale parola stiamo usando. Da buona tradizione mediterranea (avete presente la scrittura araba?), le abbreviazioni scritte nei messaggi eliminano innanzitutto le vocali. A seguire, quelle consonanti che nella lettura veloce rimangono meno impresse nella mente, quelle che istintivamente scartiamo. Singole lettere, che se lette da sole suonano come una preposizione o una parola, vengono utilizzate per contrarre vocaboli composti: tipico esempio è la **x**, che nelle operazioni si legge "per" e che quindi nel linguaggio dei messaggisti diventa un ottimo sostituto di tale sillaba tutte le volte che si presenti, da sola come preposizione o all'interno di una parola. Lo stesso vale per i numeri, come il **6**, che sostituisce egregiamente il verbo essere coniugato alla seconda persona singolare. Altra inquietante ma comprensibile abitudine è quella di sostituire il suono duro del ch, che ruba però ben due caratteri, con la **k**. Non è bello parlare di involuzione linguistica, ma certo tutti coloro che sono ormai convinti di un sostanziale ritorno della società a una sorta di medioevo impallidiranno nel ricordare il primo documento ufficiale scritto in volgare che riguardava certe terre dell'abbazia di Montecassino (per chi avesse buttato l'antologia del liceo: «SAO KO KELLE TERRE, PER KELLE FINI QUE KI CONTENE, TRENTA ANNI LE POSSETTE PARTE SANCTI BENEDICTI», cioè «so che quelle terre, con quei confini che qui si descrivono, le possedette trenta anni l'ordine di San Benedetto»). Infine, a complicare la vita di chi legge, accenti, apostrofi e talvolta addirittura spazi vengono brutalmente eliminati dallo scritto, in cui le lettere si fanno la guerra. E se gli emoticons conciliano l'interpretazione, la loro scrittura è senz'altro un'impresa: i segni di interpunzione, nei tasti multifunzione, sono nascosti dietro le mentite spoglie di asterischi e cancelletti, o a volte addirittura dietro gli zeri. L'affannosa e complicata ricerca che richiederebbero tendenzialmente mette fuori gioco le faccine dal normale dialogo SMS.

Per riassumere, ecco i principali modi di scrivere veloce:

6	sei
x	per
tnx	dall'inglese *thanks*, grazie
10q	da *thank you*, grazie
cmq	comunque
dgt	digitare
prox	prossimo
qlk	qualche
qlkn	qualcuno
C6	ci sei
TVB	ti voglio bene
TVTB	variazioni su tema
grz	grazie
msg	messaggio
nn	non

SMS: breve prontuario

Anche qui, vale lo stesso discorso di e-mail e biglietti: cercate nel vostro cuore prima che nei manuali. Non preoccupatevi troppo di ciò che può pensare l'altro, esprimete il vostro amore come vi sentite - però esprimete. Ricordate che romanticismo e ironia sono due carte vincenti. Di seguito vi proponiamo alcuni SMS che se non esattamente copiati possono darvi la misura di quanto amore e quante belle parole ci si possono scambiare tra innamorati. Magari vi sentirete meno imbarazzati nell'inviarle quella breve poesia che vi è affiorata alla mente, vedendo quanta tenerezza tutti hanno dentro sé.

C'è una maniera innocente e gioiosa nella tua vita che ti fa senza età.

Quando ci si aspetta il prevedibile tu regali l'ineguagliato, dove ci si attende l'immaginato tu mi dai il mai sognato.

È bastato un attimo per conoscerti... Non basterà una vita per dimenticare quell'attimo... TI AMO...

Stiamo lontani... ma di notte i nostri sogni ci incontrano e riusciamo a vederci. L'amore è la cosa più grande che esiste! TI AMO DA MORIRE .

Il bene che ti voglio è uguale al numero delle stelle moltiplicate per le gocce del mare.

Cos'è l'amore: l'amore e un desiderio irresistibile di essere irresistibilmente amati.

Se adesso il mondo mi crollasse addosso non me ne accorgerei perché tu sei con me!

Pensando a te, io capisco che cosa sei per me sei il mio dolce pensiero, sei il mio sogno più bello, tu risvegli nel mio cuore il desiderio dell'amore.

C'è un posto dove adoro stare dove posso ridere o piangere... tra le tue braccia.

È così bello svegliarsi e trovarti accanto che dormi...

vorrei che la notte non finisse mai quando sei al buio fra le mie braccia.

Ti voglio respirare, ti voglio in circolo mescolata nel sangue.

Se mi chiedessero di rinunciare a te in cambio del mondo... gli risponderei cosa me ne faccio del mondo se lei con un sorriso con uno sguardo mi regala l'universo.

Tu, il mio punto di riferimento senza il quale non saprei orientarmi... TI AMO.

Per il suono della tua risata, per la dolcezza del tuo viso quando dormi, per aver dato un volto all'amore e significato a una esistenza...TI AMO.

Ieri notte mi hai scritto sognami! Ma io non ho bisogno di dormire per sognarti, perché con te vivo in un sogno.

E a un tratto dal mio taschino sento qualcosa vibrare forse è un tuo messaggio sul mio telefonino o il mio cuore, che pensandoti, ha iniziato a palpitare.

Cercavo un amore piccolo in un mondo grande invece ho trovato un amore grande in un mondo piccolo. Ti amo tanto anche per quel poco che possiamo.

Ora che ti ho trovata, stella della mia vita non ti lascio più... TI AMO.

Grazie a te ho ritrovato la gioia delle piccole cose, quelle più preziose.

Mi hai chiesto cosa penso della nostra storia... la risposta è scritta dentro ai momenti magici che tutti i giorni condividiamo insieme.

Quando amo, amo in modo assoluto, totale... con te è talmente vicina la felicità che sembra materializzarsi e crescere sempre più.

A volte posso sembrare distante o pensieroso, ma l'unica cosa della quale sono assolutamente certo in questa mia vita un pò caotica è il nostro amore.

Spero di svegliarti con il suono di questo messaggino. Essere il primo tuo pensiero la mattina e l'ultimo della notte mi riempie di gioia.

Ti ho mai detto che non ti cambierei per nessuna? Il tuo modo di ridere dei tuoi difetti è quanto di più bello esista al mondo.

Ti penso tanto e spero che questo messaggino illumini un pò la tua giornata.

Questa notte ti ho guardata e contavo i nei, sparsi sulla tua pelle... mi sono perso ma ancora di più sono perso di te.

A volte ho l'impressione che tu sia talmente vicina a me da essere irraggiungibile.

L'amore è un gioco e si sa... chi scappa vince sempre. Ma ti amo talmente tanto che tutte le tattiche dell'amore le ho dimenticate.

Questo amore è forte anche quando sembra fragile... non ti preoccupare, tutti i problemi della vita li supereremo insieme. TI AMO.

Quando ricevi questo messaggino, rispondi subito. Le tue parole mi danno la forza di affrontare anche la giornata più dura.